MYNAVI BUNKO

こころが変わればからだが変わる
魔法のダイエット

はづき虹映 著

JN128210

マイナビ

ダイエットは楽しいですか？
苦しい？　辛い？
できれば、やりたくない？

あなたは自分のことが好きですか？
好きなところも、嫌いなところもある？
確かにそうかもしれませんね。

でも、あなたが
あなたのことを嫌っていたら、
たとえ一部分でも
嫌いなところがあるとしたら、

あなたに嫌われた、
あなたの一部はどんな
気持ちがするでしょうか？

あなたは
「太っている」＝「悪いこと、価値がない」
「やせている」＝「良いこと、価値がある」
と思っているかもしれませんね。

実はその考え方にこそ、
幸せになれない理由が隠されているのです。

あなたはこの地球上で、
たったひとりのかけがえのない存在。

そのあなたが自分のことを嫌って、
たとえ一部でも自分にダメ出ししている限り、
あなたは本当の意味で、幸せになることも、
豊かになることも、
自由になることもできません。

私たちはもっと
自由に、豊かに、幸せに、
自分らしく生きてもいいのです。

それを阻んでいるのは、
あなた自身。
あなたの心しかありません。
あなたの心が本気で望めば、
実現不可能なことなど、
何ひとつないのです。

本当のあなたは、
無限の可能性を秘めた光の存在。
姿形がどんなに変化しても
あなたの素晴らしさは
いささかも揺るぎません。

あなたも新しい自分、
本当の自分に生まれ変わるときです！
さあ、あなたがあなたの人生に、
本気で魔法をかけるのです！

はじめに

あなたは「やせたい」と思っている……。

ダイエットに興味があり、過去にはダイエットに取り組んだ経験もあり、ひょっとすると今まさに、ダイエットに取り組んでいる最中かもしれませんね。

でも同時に、あなたは心のどこかでダイエットを終わらせたいとも思っている。「ダイエットなんて、もうイヤだ！　苦しいダイエットなんて、もうごめんだ！」と思っている……、そんなあなたもきっといるハズです。

この本は、「やせたい。でも、なかなかやせられない」「一旦、やせても、すぐリバウンドして、元に戻ってしまう」「本当はダイエットなんかしたくないんだけど、ダイエットをやめてしまうのも怖いし、心配」と思っている、そんなあなたのための本です。

ただし、この本には、ラクにやせるための新しい運動エクササイズや画期的な食事法、やせるための生活習慣などの具体的な方法論は書かれていません。この本は「読むだけでやせる」というような魔法の本ではありません。

ですから、新しいダイエット法の具体的なスキルやノウハウを求めている方は、時間の無駄になってしまうかもしれません。もしそう思われた方は今すぐ、この本を元の場所にそっと戻しておいてくださいね。

しかし……。

この本を最後まで読んでいただければ、今までなんとなく惰性で取り組んでいたダイエットから解放され、新しい自分に生まれ変わったような気分になれるかもしれません。

さらに、自分の体形にダメ出しして、いろいろなダイエット法に手を出しては失敗し、自分を責めたり、裁いたりしていたネガティブ・スパイラルから脱出することもできるかもしれません。

あなたも、うすうす感じていたのではありませんか？

そう……、あなたは今まで現代社会から、「ダイエットをしなければいけない魔法」をかけられていたのです。でもそれも、ここまで！　もう「ねばならない」ですするダイエットからは、きれいサッパリ卒業するタイミングです。

いつまでも他人の目を気にして、がんばってダイエットに励んでいる時代ではありません。残念ながら、自分の気持ちにウソをついてまでするダイエットの先に、幸せな未来はありません。

あなたが自分にダメ出ししている限り、どんなにダイエットをがんばって成功させたとしても、あなたが心の底から望んでいる「本当の幸せ」も、「本当の豊かさ」も、「本当の美しさ」も手に入れることはできないのですから……。

この本を手に取ったということは、あなたにもそろそろ本気で「本当の自分」の人生を生きるタイミングが訪れているというサインです。

あなたが心の底から望んでいるのは、あなたがあなたらしく、輝いて幸せに生きることではありませんか？　この本は、そう望んでいるあなたに対して、従来の「ねばならないダイエットの魔法」を解くための本なのです。

さあ、新しい自分に生まれ変わるための心の準備はできていますか？
それではあなたに、「新しい自分に生まれ変わるためのダイエットの魔法」をかけていきましょう〜。

こころが変わればからだが変わる　魔法のダイエット　目次

Chapter 2 美とダイエット

Chapter 3　言葉とダイエット

Chapter 4　食とダイエット

Chapter 1

こころとダイエット

「ダイエット」という名の心の病

「ダイエット」(diet)の語源を調べてみると、「生活様式」という意味のギリシャ語の「diata」から派生した言葉で、直訳すると「日常の食べ物」という意味だそうです。そこから「代謝異常」「消化器系内臓疾患」「肥満」などに対する「食事療法」や「治療法」といった意味をもつようになったといわれています。

なるほど。ダイエットという言葉の本来の意味を考えると、さしずめ**「食生活に由来する生活習慣病対策」**といったニュアンスがいちばん近いかもしれませんね。

少なくとも今、日本で使われているダイエットのように、「やせる」ことを目的とした「減量」や「痩身」といった意味は、本来の言葉がもつ意味からは、かなりかけ離れてしまっていることは間違いなさそうです。

一方、厚生労働省が発表した2013年版の「国民の健康栄養調査」で、「BMI(Body Mass Index)」という物差しを使って、国民の体形を「やせ」「ふつう」「肥満」に、大きく3分類したデータが発表されました。

この「BMI」というのは、身長を2乗した値で体重を割った数字です。具体的には、22〜24だと「理想体重」。18・5を下回ると「やせ型」。17・6以下だと「やせすぎ」。逆に24を超えれば超えるほど、肥満度が上がると分類されます。

たとえば身長160センチで、体重55キロの女性だと、「BMI」はだいたい21・5になり、計算上は「理想体重」より、ややややせているという結果になるそうです。

この厚労省のデータの中で、特に目を引くのは、やせ型の成人女性の割合が、調査をはじめた1970年以来最多の12・3%に上ったということ。中でも20代女性の21・5%、つまり、5人に1人が「やせ」に分類されているとのこと。30代の女性でも、その割合は17・6%に達しており、若い女性ほど「やせ型」「やせすぎ」が多いという事実が明白に示される結果になりました。

ちなみに、日本人女性のやせ型傾向は近年、ますます強まっていて、1980年には20代女性の「ＢＭＩ」の平均値は21・5とほぼ理想に近かったものが、今回の調査では19にまで下がってしまって、平均値でも見ても「やせ」の傾向が加速していることが、データ的にも証明されました。

この結果を海外、特に欧米の人と比べてみると、日本人の若い女性のやせすぎ傾向はさらに際立ちます。たとえば、アメリカ人女性のＢＭＩの平均値は、28です。身長１６０センチで計算すると、72キロになります。これは確かに少し太りすぎかなと思いますが、これがアメリカの実情です。

事実、「やせ型」女性の割合が平均で10％を超えている先進国というのは、日本以外にはひとつもありません。アメリカも、イギリスも、フランスでも、そのほかの先進国もすべて5％以下になっています。「やせ型」女性の割合が、10％を超えているのはバングラデシュとか、パキスタンとか、ナイジェリアとか発展途上国ばかりだということ。**ですから、「やせ型」の割合が20％を超えている20代の日本人女性が世界**

的に見ても、いかに異常かということは、はっきりしています。

先と同じ、厚労省の調査では、20代女性の平均エネルギー摂取量が、一日1628キロカロリーであることも発表されていますが、これは現代の70歳以上の女性とほぼ同じ水準。ちなみに今から70年近く前、終戦直後、1946年2月時点の都市部の平均カロリー摂取量は、1696キロカロリーだったというデータが残っています。つまり、現代の20代女性は深刻な食糧不足だった終戦直後の都市部の人々より、一日のカロリー摂取量が少ないということになるのです。

にもかかわらず、ほかの調査では、現代の日本人は男女ともに、約6割以上の人が、「自分は太っている」と思っていて、さらに7割を超える人が「自分はダイエットが必要だ」と感じているとの結果が出ています。

実際は世界的に見ても、日本人の特に若い女性は「やせ型」か「やせすぎ」の割合が多いにもかかわらず、本人は「自分は太っていて、ダイエットが必要だ」と思っているということ。

はっきりいって、これはもう体重、体形の問題ではないのは明らかでしょう。

だって肉体的なデータは、これだけ「やせている」ことを証明してくれているのに、それでもまだなお、やせようと努力している。やせたいと思っている。

まさに現代の日本人、特に若い世代を中心とした女性たちは、「ダイエット」という名の心の病にかかっているといってもいいでしょう。

あなたも、「私は太っているんだから、関係ない」と思ってはいませんか?

その「太っている」という思い込みこそ、あなたの思い違い。心の病にかかっている証拠かもしれませんよ。

いずれにしても、現代の日本は今こそ、ダイエット本来の意味である「食生活に由来する生活習慣病対策」に立ち戻ることが必要でしょう。

と同時に、日本ほど「やせなければならない病」という心の病からの解放が、今ほど強く求められている国はないといえるでしょう。

死と隣り合わせの危険なダイエット

2015年4月、ファッションの本場、フランスで「やせすぎモデル」の雇用禁止という、ビックリするような法案が可決されたことがニュースになりました。

この法案で禁止の対象とされるのは以下の3点。

●「BMI」が18未満のモデルの雇用
●拒食症の容認
●体形を修正した画像を修正の注記なく掲載すること

これらのルールを破るとフランスでは法律違反になり、処罰対象となるそうです。

具体的には、「BMI」が18に満たないモデルを雇用した業者には、最大7万5000ユーロ(約980万円)の罰金や最大6カ月の禁固刑を科すという厳しい内容で、世界的にも大きな注目を集めました。

現在、フランスには約4万人の拒食症患者がいて、大きな社会問題になっているといわれます。その9割を占めるのが、10代の女の子だということ。そう……、「やせ型」女性の割合が平均で5%を下回っているフランスなのに……です。

彼女たちが拒食症にかかった主な原因は無理なダイエットで、雑誌などで目にする細いモデルに憧れるあまり、食事を意図的に摂らなくなり、やがて栄養失調で倒れるケースが増えているそうです。拒食症の問題は、一般の女性たちだけではなく、プロのファッションモデルにも多くの患者がいて、過度なダイエットが原因で死に至るケースも出ているのだとか。

実際、モデルとして活動していた、当時21歳だったアナ・カロリナ・レストンさんは、２００６年11月、拒食症がもとで死亡。

そのときは身長１７２センチに対して、体重は40キロ。「ＢＭＩ」は、13・５になります。彼女はトップモデルになるため、トマトとリンゴだけの無理なダイエットを続けていたと報じられています。

世界のファションの中心といわれるフランスで、このような法案が可決されたことの意味はとても大きいといえるでしょう。

ある意味、見られることに対してプロである、**ファッションモデル業界でさえ、「やせすぎ」や「無理なダイエット」にはっきりＮＯの意思表示を下した**のです。

さてひるがえって、今や世界の先進国の中で、もっとも「やせ」傾向が強く出ている若い日本人女性はこの流れをどう見ているのでしょう？

実際、あなたはどう思いますか？

「モデルさんの世界は、別次元。そこまでやせたいワケではない……」

「モデルさんの悩みは贅沢な悩み。私たち一般人には関係ない……」

「やっぱり太っているより、やせているほうがカッコイイのは間違いないし……」

「ダイエットしていないと、仲間外れにされているようで不安……」

「着たい服が着られないのは悲しいし、何より人目が気になるし……」

「なんだかんだいって、女は見た目で人生が決まるんだし……」などなど。


もし、あなたがモデルの世界で起こっていることは別世界、所詮は贅沢な悩みで、自分には関係ないと思っているとしたら、**「そこ」にあなたの心の問題が隠れている可能性は大。**

「そこ」に、あなたがダイエットに成功しない……、一時的に成功しても、すぐにリバウンドしてしまう……、体形の維持が長続きしないなどの根本的な原因が隠されているのかもしれません。

ダイエットは身体の問題ではありません

「○○ダイエット」という、新しいダイエット法が雨後の竹の子のように次から次へと生まれては消え、消えては生まれて……をくり返しています。

女性雑誌からダイエット特集はなくなりませんし、書籍の分野でも「やせる」というキーワードは、ベストセラーを生み出す「魔法の言葉」だといわれています。

先のデータが示すとおり、現実的には十分、やせているハズ……。個人差はあったとしても、少なくとも生命の危機が生じるほど、太っている人はほとんどいないハズなのに、それでも多くの人が、やせようとするのはなぜでしょうか？

あなたもなんとなく、「もっと、やせなくちゃ……」と思ってはいませんか？

フランスで「やせすぎモデル」の雇用禁止の法案が可決されたという事実を見聞き

しても、それが自分のダイエット事情と結びつかないのはなぜでしょう？

結局、自分事としてとらえていないからではありませんか？

実はこの「自分とは関係ない」と思う気持ちこそ、ダイエットが成功しない理由のひとつなのです。


「エッ？　自分の身体に直接、関係することだから、ダイエットをしようとしているのに、〝自分とは関係ない〟と思っているって、どういうこと？」と思われたあなた……、正解です！


でも「ここ」がとっても大事なポイントなので、よ～く考えてみてくださいね。

もし、あなたが自分の身体の健康を守るために、本気でダイエットに取り組んだとしたら、ダイエットは必ず成功するハズです。

極端な例かもしれませんが、もしダイエットしなければ死んでしまうというような状況に追い込まれたら、誰だって、ダイエットできるハズです。

実際に生きるか死ぬかの大病を患えば、自然にダイエット状態に陥るでしょう。それは私たちの身体に備わっている生命維持機能がちゃんと働いている証拠です。

私たちの身体に、私たちの身体をコントロールするための主導権を渡してしまえば、身体は勝手に自分自身をベターから、ベストの状態に整えてくれます。

それができないのは、身体ではなく、アタマのほうが主導権を握っているから。

ダイエットが成功しないのは、あなたのアタマが「自分はダイエットの必要なし」と判断しているからではありませんか？

つまり、あなたの本音から読み解けば、ダイエットを「自分事とは思ってない」「自分とは関係ない」と思っているということになるのです。

ですから、「ダイエットしたくても、うまくいかない」「何度、挑戦しても、途中で挫折してしまう」「一度、ダイエットに成功しても、すぐにリバウンドして元に戻ってしまう」というような場合、少なくともあなたのアタマは……、アタマを司る心の深い部分では、**本気でダイエットをしようとは思っていない**ということになるのです。

そう……、ダイエット成功のカギを握るのは、食事制限やカロリーコントロールでもなければ、継続的な運動や厳しいエクササイズでもありません。

それらも、もちろん大事ですが、**もっと大事なこと。それは気持ち、心の問題。**

言い換えれば、あなたにとって、ダイエットが身体の問題だと思っているうちは、どんなにがんばっても、どんな新しいダイエット法を試してみても、結果は同じ。

根本的なダイエットは決して、成功しないということになってしまうのです。

あなたがダイエットをする本当の理由とは？

あなたはなぜ、ダイエットをする（あるいは、したいと思う）のでしょう？

「そんなこと……、やせたいからに決まっているじゃない！」と思われますか？

ではもうひとつ、続けて質問です。

あなたはどうしてやせたいのですか？　やせるといいことは何ですか？

「やせたら、いろんな服がカッコよく着こなせるじゃない……」

「やせたほうが、きれいだから……。太っているのは醜いし……」

「なんだかんだいって、太っている女はモテないし……」

なるほど。「カッコイイ」「きれいになる」「いろんな服が着られるようになる」「モテるようになる」というあたりが、やせることのメリットでしょうか。

それではさらに質問です。「カッコイイ」「きれいになる」「いろんな服が着られるようになる」「モテるようになる」と、あなたはどんな気持ちがしますか？

「どんな気持ちって……？　そりゃぁ、うれしいに決まっているじゃない。やせて、きれいになって、いろんな服が着られるようになって、モテモテになれば、誰だって、うれしいし、幸せな気分になるでしょ」。

あなたもきっと、そうですよね。

やせて、カッコよく、きれいになって、いろんな服が着られるようになって、モテモテになれば、あなたもうれしいし、幸せな気分になるでしょう。

そう……、**「うれしいし、幸せな気分になる」**。

つまり、それこそが、ダイエットの本当の目的といえるのではありませんか？

やせること自体が目的なのではなく、さらにカッコよく、きれいになって、いろんな服が着られるようになって、モテモテになることも最終目的ではなく、結局、うれしく幸せな気分を味わうこと。

それがダイエットをするための最終目的になっているのではありませんか？


だとすれば……。

もし、「うれしく幸せな気分を味わうこと」が、ダイエットの本当の目的だとすれば、それはやせなければ……、ダイエットに成功しなければ、味わえないものでしょうか？

ここはとっても大事なところなので、よ～く考えてみてくださいね。

あなたはなんのためにダイエットをするのか？
ダイエットに挑戦する本当の目的はなんなのか？

その根本的な理由、本当の目的を自分なりに、できるだけ深く深く、徹底的に掘り下げてみることです。

「なぜ？」「どうして？」をくり返し、自分自身の内側に深く問いかけてみて、その根本的な理由にたどり着くまで、あきらめずに探求してみましょう。

ダイエットの裏に隠されていた根源的な欲求に自ら気づくことができれば、あなたもきっとダイエットという心の病から解放されることになるハズです。

そのとき、あなたは今まで出会ったことのない「新しい自分」に、「本当の自分」にきっと出会えることになるでしょう。

「やせすぎ」なのに、ダイエットをやめられない女たち

先のデータを見るまでもなく、肉体的にはどう見ても、やせる必要はない。むしろ「やせすぎ」ているにもかかわらず、ダイエットがやめられない。

真剣にダイエットにトライしているワケではないのに、常にダイエットのことが気にかかる。

食べることに罪悪感があり、太ることを必要以上に気にしている。

誰かに指摘されたワケではないのに、自分のことを太っていると思い込んでいる。

自分の身体なのに、見たくない嫌いな身体の部分がある。

こういう方は、きっと少なくないと思います。

……というか、少なくとも現代の日本の中では欧米人のように、健全な肉体を維持することができないくらい、差し迫った理由でダイエットに真剣に取り組んでいる人

はむしろ少数派で、なんとなく太めが気になる「なんちゃってダイエッター」が、ほとんどだといってもいいでしょう。

この「なんとなく太めが気になる」という心理こそ、日本人の、特に若い女性が世界でもトップレベルの「やせすぎ」比率を生む原因になっています。

そう……、**「太め」＝「人目」。「太めが気になる」＝「人目が気になる」**です。

他人の目を気にしすぎるあまり、ダイエットがやめられない。みんなと同じじゃないと、仲間外れにされてしまう。友達からバカにされたくない。自分ひとり取り残されたくないという心理こそ、日本がほかの国では類を見ないほどの「やせっぽち国家」になってしまった本当の理由ではないでしょうか？

これはまさに肉体的な問題ではなく、精神的な問題。肉体的にやせれば問題が解決するということではなく、「人目を気にしすぎる」という精神的なプレッシャーのほうが、日本人にとってはより大きな問題になっているということの証です。

日本の自殺者は若干、減少傾向になってきたとはいえ、年間3万人近い数で高止まりしています。ただ一説には、日本では年間15万人の変死者が出ているといわれており、変死者のうち、その半分は自殺者としてカウントするというのが、国際機関のWHO（国際保健機関）のルールになっているそうです。その基準に照らし合わせると、日本での実質的な自殺者は年間10万人を超えていると指摘する専門家もいるそうです。

もちろん、これはほかの先進諸国と比べて、10倍近い突出した数字ですが、この事実と「やせすぎ国家」と認定されたにもかかわらず、ダイエットをやめられない心理状態の奥には、同じものが隠れていると思いませんか？

「赤信号、みんなで渡れば、怖くない」とギャグにされるように、日本人は横並び意識が強く、常に全体の空気を読んで、人目を気にして生きています。

それは相手の気持ちを思いやり、周りとの調和を図ろうとする、日本人特有の美しい心遣いにもつながりますが、それによって、あなたらしさという個性や特徴が殺されてしまっては意味がありません。全体の一部として自分があるという意識は大切ですが、同時に**私という存在があるからこそ、全体が成り立っている**という事実を忘れてはいけません。

あなたはなぜ、やせようとするのか。
その理由を今ここでもう一度、じっくり考えてみませんか？

そのダイエットは本当に自分のためですか？
自らの健康維持のために、自分の意志でやせようとしていますか？

そもそもあなたは、どうして自分のことを太っていると思ったのでしょうか？
誰があなたのことを太っていると判断したのですか？

誰のためにやせようとしているのですか？

なんのためにダイエットしているのですか？

あなたは今、本気でダイエットに取り組んでいますか？

明確な目的もないまま、なんとなく「ダイエットしなくちゃ……」と思っていませんか？


そのダイエットは楽しいですか？

ダイエットをしている自分は好きですか？


あなたは自分のことが好きですか？

ありのままの自分を受け入れ、認めることができますか？

太ることより怖いのは、仲間外れ？

少し前までは、女性がダイエットする主な目的は、男性の目を意識して、よりステキな男性を惹きつけることでした。

もちろん今も、異性の目を意識して、ダイエットに励む女性も多いでしょう。

特にウエディングを控えた花嫁は、いちばん輝いている自分を愛する人に見てほしくて、ダイエットに励みます。そういう目的がはっきりしているポジティブな動機のダイエットは、ダイエットをしていること自体が楽しくて成果も出やすいし、何よりドンドンきれいになっていく自分を見るのが楽しくて、モチベーションも上がるでしょう。

しかし、今や女性がダイエットをする目的は、大きく変化しています。

特に若い女性の間では、そもそも恋愛に興味がなく、「年齢＝彼氏いない歴」の女性が増加していて、今後も彼氏は欲しくないのだとか……。

にもかかわらず、彼女たちは食べないし、太ることに異常に敏感です。

それはなぜか？

彼女たちにとって、女友達がいちばんなのです。同性の友達の目がいちばん怖い。**友達から仲間はずれにされたくない。その一心で、ダイエットに励む**のです。

もともと今の若い世代は、生まれたときから24時間営業のコンビニがあり、お金を出せば、なんでも手に入る環境で育ちました。飢えるとか、ひもじいとか、そんな体験を味わったことがある人は少ないでしょう。

ですから彼らはもともと、食べることにあまり執着がありません。食べることに興味がなくなると、連動して恋愛、つまり性的な欲求も弱くなるといわれます。

食欲と性欲の間には密接な関係があるといわれていますが、どちらも生きるための根源的な欲求に根差したもの。食欲が強くなれば、性欲は強くなり、食欲がなくなれば、性欲も減退するのは、なんとなくイメージができるでしょう。

食べるものに恵まれない貧困国ほど、出生率が高くなり、食べ物があまる飽食の国ほど、出生率が下がってしまうのは、まさに自然の摂理です。

今の若い世代は、食欲もなければ、性欲もあまりありません。

有名なマズローの欲求五段階説では、まず第一段階に「食欲、性欲、睡眠欲」という、人間が生きていくための根源的な「生理的欲求」があり、次に安心、安全な暮らしを求める「安全欲求」がきます。

現代の日本では、このふたつはおおむねクリアされているといっていいでしょう。

その次が「社会的欲求」で、集団に所属したい、友達、仲間がほしいという段階。

そのあと、第四段階に他者から認められたい、尊敬されたいという「承認欲求」があり、最後の五番目は、自分らしく創造的に生きていきたいという「自己実現欲求」に至るといわれています。

今の日本は第三段階の「社会的欲求」と第四段階の「承認欲求」の間ぐらいの位置づけにあるといえるでしょう。

まさにこの「仲間が欲しい。仲間から認められたい」という第三段階の社会的欲求と、第四段階の承認欲求が、彼女たちを不必要なダイエットに走らせている原因だといってもいいでしょう。

つまり、誤解を恐れずいってしまえば、**彼女たちはダイエットがしたいワケではなく、ただ単に「仲間外れにされたくない」だけ**なのです。

あなたも胸に手を当てて、よ～く考えてみてください。

あなたも「仲間外れ」が怖くて、ダイエットを続けているようなところはありませんか？

男性は女性にダイエットを求めていない

そもそも男性は女性に過剰なダイエットを求めたりはしていません。
もちろん、限度はあるでしょうし、個人の好みにもよりますが、一般的にモデルのようなやせ型より、少しぽっちゃりしたタイプのほうが男性人気は高いのです。

それは男性に人気のグラビアアイドルをみれば、一目瞭然。男性に人気のグラビアアイドルはスレンダータイプより、丸みを帯びた、ふくよかで豊満なタイプのほうが圧倒的に多いのです。

それが男性の好みの傾向を如実にあらわしています。基本的に男性はどこまでいってもマザコンですから、母親や母性の象徴であるふくよかなオッパイ、丸みを帯びた豊満な体形に対して、強い憧れがあるのも当然です。

ですから、がんばってダイエットに励んで、やせ型のモデル体型になっても、男性からモテモテになることは、期待薄。むしろ、やせすぎは男性を遠ざけることになる可能性が大。


にもかかわらず、女性のダイエット熱は一向に衰える兆しがありません。

これは先述のとおり、もう男性の目を気にしていない証拠。男性不在のダイエット。

つまり、**現代女性のダイエットは、同性である女性の目を重視したダイエットになってしまっている**といえるでしょう。


「マウンティング女子」という言葉は、ご存じでしょうか？

マウンティングとはもともと、サルなどが自らの優位性を誇示するために、別の個体の背中にのったり、馬のりになる行為のこと。

要は自分のほうがお前より上だということを相手にも、周りにも見せつけるための行為ですが、こういうふうに「自分のほうが上だ」と何かにつけて格付けしようとする女子のことを「マウンティング女子」と呼ぶようです。

　この「マウンティング女子」にとっては、見た目はもちろん、服装、持ち物、恋愛、仕事、年収、住まい、学歴、家族、パートナー、子どもなど、生活のあらゆる面で格付けが行なわれ、自分のほうが上であることを証明しようとするそうです。

　そうした「マウンティング女子」にとって、見た目はもっともわかりやすい格付け材料。「マウンティング女子」のグループ内で、「ちょっと太った?」といわれただけで、もう格付けランクは下位に急降下。その格付けが怖くて太れない、食べられないという女性も増えてきているとのこと。

　若い女性が必要以上にやせようとするのも、こうした女性同士の「マウンティング効果」の現れだといっても決して過言ではありません。


「仲間外れにされたくない」「自分が劣っていると判断されたくない」。

いわゆる同性の女友達から「マウンティング」されたくないがために、一生懸命、ダイエットにトライしている。それが現代日本の、特に女性のダイエットの実情、本音ではないでしょうか？

もちろん、仲間外れや友達を失うのは悲しいことですが、ちょっと待って……。太っているとか、やせているとか、そんな外見的な条件だけで、仲間外れにしたり、されたり……。そんな些細なことで、上下関係をつけるような関係性って、本当の友達、仲間だといえるでしょうか？

そもそも、あなたはそういう人と本当に友達になりたいのですか？

一度、ここで立ち止まって、そういう根本的なところから見直さない限り、無限に続く「ダイエットのネガティブループ」の罠から逃れることはできないと思いませんか？

もう自分以外の「誰か」のためのダイエット人生からは卒業です

ダイエットに絶対的な「よい」も、「悪い」もありません。

「よいダイエット」と「悪いダイエット」が、はっきりわかれているワケではありません。ダイエットの成功と、その最終目的である「幸せ」との間には、明確な因果関係などありません。やせたからといって、必ず幸せになるワケでもありませんし、太っているからといって、不幸せになるワケでもないのです。

どんなことでもそうですが、**すべてはその動機次第。最初の方向性。「なんのために、それをしようとするのか」が、もっとも重要なポイント**です。

くり返しになりますが、あなたがダイエットをしようと思った最初の動機、根っこにある思いはなんでしょう?

「ダイエットをしていないと、なんだか仲間外れにされる気がする」

「他人から太っているといわれて、悔しかった」

「今まで着られていた洋服が入らなくなって、ショックを受けた」

「買い物に行ったとき、自分に合うサイズの服がなくて、ガッカリした」

「会社の健康診断で、メタボの危険性があると指摘された」などなど。


ダイエットのきっかけは人それぞれでしょうが、そのきっかけ、やせようと思った原因が、自分の外側から与えられたものの場合、ダイエットに対するモチベーションが長続きすることは、あまりありません。

もちろん、コンプレックスをバネにダイエットに成功する人もいます。些細なことがきっかけで一念発起して、見事に理想のプロポーションを手に入れた事例は、マスコミなどでもたくさん見聞きしているでしょう。

では、そういう人とあなたとの違いはなんだと思われますか？


もともと、やせやすい体質だった？

最初から、そんなに太っていなかった？

努力家だったから？

意志が強かったから？

周りの協力があったから？


もちろん、そうしたことも関係しているでしょうが、ダイエットがうまくいく人といかない人との根本的な違いは、たったひとつ……。

それは「自分事」か、「他人事」なのか、その違いだと私は思います。

つまり、「誰か」のためにやせようとしているのか、それとも「自分」のためにやせようとするのか、その違いこそ決定的な違いを生むことになるのです。

今、「誰かのため」と書きましたが、その「ため」は「誰かのせい」と言い換えられるかもしれません。

たとえば、幼い頃、家族から何気なく言われた、「なんで、そんなに太っちゃったかね～。昔はかわいかったのに……」というひと言がずっと残っていて、それが原因でダイエットに挑戦しているような場合は、いくら自分が努力してやせても、その言葉を完全に打ち消すことはできません。

その話自体、昔のことですから、その言葉をいったほうはそんなことなど、とっくに忘れているでしょう。そうした言葉は家族だけでなく、学生時代の友人や初恋の相手、あるいは社会人になってからの同僚や上司の場合もあるかもしれません。

ただ、あなた自身がそのことがどんなにショックで、傷ついていたとしても、過去の話はもうどうすることもできません。にもかかわらず、その言葉を握りしめたまま、あなたはずっと生きている。そのひと言が原因で、何度もダイエットに挑戦するものの、何度やってもうまくいかない。あなたにも、そういう経験はありませんか？

その場合、残念ながら、あなたがどんなにがんばっても、ダイエットに成功することはありません。なぜなら、それは**あなたのアタマの中、過去の記憶の中に存在している「誰か」のためにダイエットをしているから**です。あなたの心の奥のほう、いわゆる潜在意識では、その「誰か」のせいでダイエットをやらされていると思っているかもしれません。

それは今の自分の意志とは関係なく、あなたの記憶の中だけに棲む「過去の亡霊」と戦っているようなもの。そんな得体の知れないものと戦って、勝ち目があると思いますか？　自分以外の誰か、何者かにやらされるダイエットが、本当にうまくいく、成功すると思いますか？

そんな理由で苦しいダイエットに挑戦して、仮にやせたとしても、それで幸せになれると思いますか？　新しい自分に生まれ変われるものでしょうか？

ダイエットが成功しない、たったひとつの理由とは？

ダイエットが成功しない理由も、ずっとつきつめていくと、ひとつに絞られてしまいます。それは、スバリ！

ダイエットしたくないから……。

あなたが本心ではダイエットを望んでいないから……ではありませんか？

もうそろそろ、あなたも自分のその本心に気づいてもいいでしょう。イエ、ずっと前からあなたは、気づいていましたよね。でも、それを認めたくはなかった。認めるのが怖かった……。

そんな情けない自分を認めてしまうと、何かが崩れてしまいそうで、必死にこらえてきた。本当はしたくもないダイエットをがんばって続けていた。続けるフリをして、自分の本心をごまかしてきた。見て見ぬフリをしてきた……。

あなたにも多かれ少なかれ、そんなところがあるのではありませんか？

もう、いいじゃないですか。

あなたの人生は、あなたのためにあるのです。

誰かのために生きる必要はありません。もう「世間の目」「友達の目」などという、得体の知れない誰かの目を気にして生きていく人生からは卒業しましょう。

あなたはあなたのまま。そのままでいいのです。

太っていようが、やせていようが、あなたはあなた。

あなたがありのままの自分を受け入れなくて、誰があなたのことを受け入れてくれるというのでしょうか？

今のあなた、今の自分をあるがままに受け入れられるのは、あなたしかいません。

あなたが今の自分を否定して、ダメ出ししている限り、どこまでいっても、どんなにがんばってダイエットしても、あなたが幸せになることはありません。

あなたは自分の幸せだけに責任をもてばいいのです。
あなたにできるのは、それだけです。
あなたはこの世に唯一無二の、かけがえのない存在。
宇宙でたったひとつの、かけがえのない命である、あなた。

その大切な大切なあなたという命を運ぶ乗り物が、あなたの身体。
あなたの身体は、あなた専用の完全オーダーメイドの乗り物です。
神様からお預かりした、その大事な大事な乗り物を大切に扱うこと。
それがあなたの使命。あなたが生まれてくる前に神様と交わした大事な約束です。
それでもまだ、あなたはまだ誰かのためのダイエットにこだわりますか？

心のダイエットに効く一分間エクササイズ

この章の最後に、誰でも簡単にできて、心のダイエットに効果バツグンのエクササイズをお教えしましょう。

私たちは生きている限り、日々、いろいろな感情を味わいます。その中にはポジティブなものもあれば、ネガティブなものもあるでしょう。

実際、生きているとポジティブな感情より、ネガティブな感情を味わうことのほうが多いのが、現実かもしれません。

しかし、そんなネガティブな感情を溜め込んでしまうと、心は便秘状態に陥ります。心の便秘がストレスを招き、暴飲暴食、やけ食い、ドカ食い、間食、食べすぎにつながっているケースは少なくありません。

ですから、日頃からできるだけ、ネガティブな感情を溜め込まず、気持ちよく排泄することができれば、肥満の原因となる食べすぎ予防にもつながるハズ。

この心に効くダイエット・エクササイズのやり方は、カンタン。

まず、夜寝る前に自分ひとりの静かな時間を確保しましょう。時間はほんの数分あれば終わるので、ベッドに入る直前がベストです。

肩幅に足を開き、胸の上に手を重ねて置いた状態で大きく2～3度、深呼吸をします。その状態で目を閉じて、今日一日のことを思い出します。

その中で、ネガティブな感情を感じた場面を思い起こしてみましょう。

「朝から夫と口げんかをして、とても悲しかった」

「子どもが言うことを聞かず、つい怒鳴ってしまって、自己嫌悪」

「満員電車で足を踏まれて、腹が立った」

「会社で上司に理不尽なことで叱られて、イライラ」などなど。

思い起こしている途中で、悲しくなってきたら、我慢せず涙を流してもかまいません。思い起こすのがつらくなってきたら、無理しなくてもかまいません。

思い起こす時間は、長くても一分程度で十分です。できる範囲でいいので、もう一度、ネガティブな感情をしっかり味わいきるということが大切です。

ネガティブな感情を思い起こせたら、その感情を胸の中から、引っ張り出すイメージをしながら、実際に胸の上で重ねていた両手を前に出していきます。

このとき、両手と胸の間の空間を見つめるようにします。そこにネガティブな感情がエネルギーの塊になって、溜まっているようなイメージです。

その胸から引っ張り出したネガティブな感情エネルギーの塊を、両手を前に突き出し、バイバイをするときのように左右に大きく振って手放します。

そのとき、両手の指はできるだけピンと反らして、指を開いて、勢いよく左右に振ること。顔もできるだけ笑顔ですることが肝心です。

手を振るのは、時間にして、三十秒ほどでOK。終わったら、深呼吸をして、合掌して「今日も一日、ありがとうございました」と軽く唱えて、一礼して終わります。

たったこれだけのことですが、ネガティブな感情を翌日に持ち越すことがなくなり、ストレスが軽減し、ぐっすり眠ることができるようにもなるハズ。

心のダイエットにとっては、効果バツグンの超簡単エクササイズなので、ぜひ試してみてはいかがでしょうか？

心のダイエットに効く1分間エクササイズ

❶

胸に手を置いて深呼吸をする

足を肩幅に開き、胸の上に手を重ねて置いて2〜3回深呼吸します。

❷

目を閉じて、一日の出来事を思い出す

一日を振り返り、つらかったこと、悲しかったこと、腹が立ったことなど、ネガティブな感情を思い出します。

❸

ネガティブな感情を胸の中から引っ張り出す

胸の中の感情を引っ張り出すように、両手を前に出します。両手と胸の間にネガティブな感情の塊が溜まっているようなイメージです。

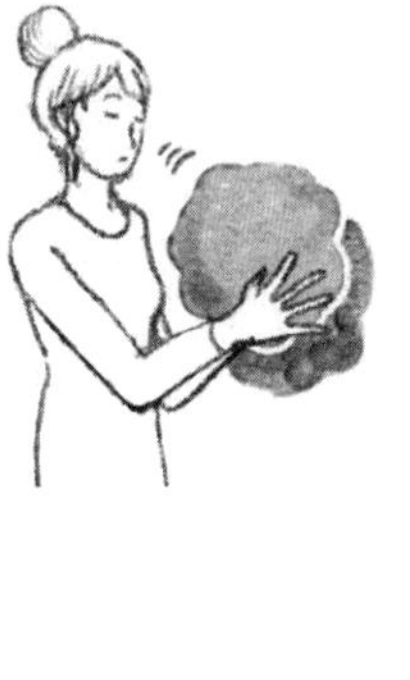

❹

手を振って感情を手放す

両手を前に突き出し、指をピンと張って、30秒くらい手を左右に振ります。できるだけ勢いよく、満面の笑顔で。終わったら深呼吸して合掌し、軽く一礼します。

Chapter 2

美とダイエット

「美しい」の語源は、「映し出す」こと

「ありのまま」とは、「あるがまま」の状態を何の判断もせず、素直に受け入れること。否定したり、優劣をつけたり、よい・悪いと価値判断することも一切なく、ただ、そのままの状態を「そうか～」と受け入れることです。

実はこの自分自身の「ありのまま」「あるがまま」の状態を素直に受け入れることこそ、「美しさ」の原点であり、美しくなるために必要不可欠な行為なのです。

そもそも**「美しい」とは、「映し出す」という言葉から派生して生まれた言葉**。

その人がもつ自然な姿、その人の内面が、その人らしさとして自然に映し出されている状態が、「美しい」という言葉の語源です。

その人がその人らしく輝いて生きている姿こそ、美しい。

その人の内面が、自然に、素直に外側に映し出され光輝いているとき、人は美しい

と感じるのです。

「美しい」の反対語は、「醜い」ですが、これは「見えにくい」から派生した言葉。本当の自分の姿、ありのまま、あるがままの自分の姿が曇ってしまって、見えにくくなった状態のことを「醜い」と表現するのです。

「美しい」も、「醜い」も、外見の美醜を価値判断するための言葉ではありません。

「美しい・醜い」の判断基準は結局、その人らしさがどこまで表現できているのかということ。それは外側だけで判断されるのではなく、あくまで内面がメイン。内面と外見との間に、どこまで差がないかということで評価・判断されるのです。

少なくともそれが日本語を使う日本人にとっての、「美しい・醜い」の判断基準です。

そう考えると、外側だけを整えようとするダイエットを、どこまでがんばってみても、内面の状態がちっとも変わっていなければ、内面がありのままに映し出されることはないのですから、当然、美しくはない。

内面の状態が肉体的なダイエットによって、かえって見えにくくなっているとしたら、それこそ醜い状態。そのことが自分でも、心の深い部分でわかっているからこそ、「ありのままの姿、見て！」と叫びたくなるのではないでしょうか？

あなたの内面が素直に映し出された姿は、光輝いていて、美しい。
あなたの内面の状態を隠そうとするから、余計に見えにくく、醜くなる。

今こそ、あなたも今までの本当の自分の姿を隠そうとする「醜いダイエット」から、あるがままの本当の姿を素直に映し出す、「美しいダイエット」に方向転換すべきタイミングです。

大丈夫！「本当の自分」の姿が映し出されたあなたは、あなたが思っている以上に、美しいのですから……。

もう「大きな羊」が「美しい」時代は終わりました

「美しい」という言葉の語源は、先述のとおりですが、「美しい・美」という漢字の成り立ちにも興味深い話が隠されています。

「美」という漢字を分解すると、「羊」と「大」にわかれます。

そう……、「美しい・美」という漢字は、「大きな羊」から生まれた文字。ではなぜ、大きな羊が「美しい・美」という意味をもつ文字になったのでしょう？

羊という動物は、群れで暮らしています。羊は特に俊敏な逃げ足をもっているワケでもなく、大きな角や身を守るための硬い皮膚や牙などもありません。

ですから、外敵に襲われた場合、羊は逃げるしかありません。群れ全体で逃げようとすると、どうしても小さな子どもが逃げ遅れて餌食になります。それを避けるためにどうするかというと、群れの中でいちばん大きな羊が群れと離れて、反対方向に向かうことで、外敵を引きつけるのだそうです。その間に、群れは外敵から逃げのびることができ、身体の小さな子どもも助かるのだとか。

もちろん、その代償として、群れの中でいちばん大きな羊は外敵の餌食になる可能性が高まります。実際には群れから一匹だけ離れてしまうと、外敵に囲まれた場合、ほぼアウト。そうやって、大きな羊は群れ全体を守るために、自ら命を投げ出し、犠牲になるのだとか。

その大きな羊の献身的な姿を見た、昔の人が「美しい!」と称えたことが、「大きな羊」と書いて、「美しい・美」という漢字のもとになったということ。

この話を聞いて、あなたはどう思われますか?

大きな羊の姿を見て、あなたも「美しい」と思われますか?

この大きな羊の姿を、美しいと思うかどうかは、人それぞれでしょうが、ときの権力者が大きな羊の姿を「美しい」と定義しようとした理由はよくわかります。

これは社会のため、みんなのために命さえ投げ出し献身的に奉仕することが大切で、たとえ犠牲になったとしても、それが正しい生き方であり、その姿こそ美しいのだと多くの人に信じ込ませようという意図が隠されているように感じます。

そういう考え方が定着してくれたほうが、支配者、権力者にとっては都合がいいのは明らかです。人々の犠牲的精神や献身的な働きを、そうした「美談」に仕立てあげることによって、人々に犠牲を強いる言い訳に使えたほうが、支配者、権力者にとっては好都合になるからです。

しかし、今はもうそういう時代ではありません。

「大きな羊」の行為を「美しい」と見るかどうかは、個人の判断。少なくとも、それを「美しい」と認めなさいと強要されるものではありませんし、そもそも当の大きな羊は、自分の行為を美しいなどと思っているでしょうか？　それは群れを守るため、種の保存としては、当たり前の自然な行為ではないでしょうか？

何を「美しい」と見るのかは、一人ひとりが自分で決めればいいことです。

もし、あなたが「大きな羊」のように生きなければ、美しくないと思っているとすれば、その考え方こそ、いちばんの問題。まさにその状態こそ、美しくない。醜い状態。あなたは社会から押しつけられた価値観を信じ込まされることによって、自身の本音、内面の状態が素直に映し出されておらず、見えにくい状態に陥ってしまっているといえるでしょう。

まさにダイエットに関しても、同じことがいえます。

もし、あなたが「ダイエットこそ、美しさの条件。やせている姿こそ、美しい」と思い込んでいるとすれば、それは「大きな羊こそ、美しい」と信じ込まされているのと同じです。

美しさの基準は、時代や国、個人の価値観によって千差万別。移りゆくもの。

にもかかわらず、**「やせていなければ、美しくない」と、あなたが思い込んでいるとしたら、その頑なな思い込みこそ、あなたをもっとも美しくない（＝醜い）状態にしてしまっている根本原因**だといえるかもしれません。

「ダイエットしなくちゃ」と「より美しくなる」ことは、似て非なるもの

すべての女性にとって、美しくあることはとても重要です。

女性は生まれたときから、死ぬときまで、まさに自分が女性であると認識し物心がついた、そのときから、たとえいくつになろうとも「より美しくなりたい、常に美しく在りたい」と思う生き物です。

それはもう女性の本能であり、生きる意味そのものかもしれません。このあたりは男性には決して理解できない心理でしょう。女性のより美しくなりたいと思う気持ちと同じように、男性はいくつになっても、よりモテたいと思う生き物。

「より美しくなりたい」女性と「よりモテたい」男性という2種類の生き物で、この地球は成り立っている。社会は動いているのです。

女性はいくつになっても着飾ることが好きですし、かわいいものが好きなのも、結局この「より美しく在りたい」という気持ちの表れにほかなりません。

ですから、**あなたも女性なら、自分の中にある、美しくなりたいと思う気持ちをまずは素直に認めること。**

成功する、イエ、「幸せに成る」、つまり「成幸」するダイエットに至るためには、ここから始めることが、何より大切です。

女性がダイエットに励むのも、この「より美しくなりたい」という願望の表れ。男性のダイエットの奥にあるのは、「よりモテたい」という意識の表れです。

いずれにしても、自分の中にある、この本能的な欲求を認めることが大切です。その上で、「より美しくなる」ためには、本当にダイエットという選択肢しかないのかをもう一度、じっくり考えてみましょう。

ダイエット自体に「よい」も、「悪い」もありません。

「より美しくなりたい」という女性の本能に従って、ダイエットに励むことは何も悪くはありませんし、間違ってもいません。

しかし、あなたが今の自分を否定して、「ダイエットしなくちゃ」という義務感や焦燥感に追い立てられるように、ダイエットをしているとすれば、残念ながら、どんなにやせても、あなたのダイエットは「成幸」しません。

それでは、本当の意味で、あなたは美しくなることはできません。

先述のとおり、「美しい」の語源は、「映し出す」ということ。

これは内面の状態が外側に映し出された様子を表します。つまり、どんなにダイエットをがんばって、理想のプロポーションを手に入れたとしても、**あなたが自分自身を否定している限り、その自分を否定している姿が、あなたの外側に映し出されるだけ。**それでは残念ながら、あなたの本質は見えにくいまま。醜いままです。

何より、あなたの内面が磨かれ輝いていなくては、外見的にも「より美しくなる」ことなど、できないと気づくことこそ、ダイエット「成幸」のヒケツなのです。

その姿形もちゃんと自分で決めて生まれてきたのです

もちろん、内面さえ磨いておけば、外側はどうでもいいというワケではありません。ただ、外側と内側を比べた場合、どちらが主で、どちらが従かは明らかです。

世の中に全く同じ洋服や靴、アクセサリーなどはごまんとありますが、顔形、体形など、あなたと同じ外見をしている人は、この世にひとりもいません。

今、地球上に70億もの人間が生きているといわれますが、70億人いても、ひとりとして同じ外見の人は存在しません。私たちはこれを当たり前のように思っていますが、冷静に考えると、これは本当にスゴイことだと思いませんか？

ひとりずつ、みんな違うのです。たまたま、ひとりずつみんな違う外見をもって、生まれてくるなんてことが、ありえるでしょうか？

あなたも自分の外見が、たまたまそんなふうになったと思われますか？　70億もの人間がいるのに、なぜ、あなたはそんな外見をしているのでしょう。誰があなたの外見をそんなふうに決めたのでしょう。

そこに気づけると、自分の外見に対しての見方がガラッと変わってしまうのではないかと、私は思うのですが……。

私たちは偶然のような顔をして、この世に生まれてきていますが、本当は違います。本当は生まれてくる時代も国も、社会環境も家庭環境も、両親も兄弟姉妹も、性別も姿形も、ちゃんと全部、自分で決めて生まれてきているのです。

その生まれてきた最初の状態を、すべて素直に受け入れることが、「ありのまま・あるがまま」につながります。それができて初めて、「より美しくなる」という女性のテーマ、願望が生きてくるのです。

自分が生まれてきた、いちばん最初の状態をあるがままに受け入れること。その人生最初の状態に、自分自身でちゃんと「○」をつけること。

より美しくなるのも、ダイエットしようとするのも、そこが原点。

人生のいちばん最初の状態に「○」がつけられない限り、あなたはどんなにがんばって美しくなろうと努力しても、どんなにダイエットに励んで、理想のプロポーションを手に入れても、幸せに成る、「成幸」することはできません。


人生のスタート時点で、自分の容姿や姿形に「×」をつけてしまうと、そこから先どんなにがんばって、「○」をたくさんつけたとしても、ちょっとしたことで「×」がつくと、途端にそれまでの「○」が一気に「×」にひっくり返ってしまいます。

そう……、まさにオセロゲームのように。


人生のいちばん最初に「×」のコマが置かれているのか、それとも「○」のコマが置かれているのかが、人生に決定的な違いを生むことになるのです。

ここにあなたのダイエットがうまくいかない。たとえ一時的にうまくいっても、長続きしない。リバウンドしてしまう、根本的な原因が隠されているのです。

まず、今の自分に「○」をつけることから始めましょう

実は生まれた時点で自分の人生、自分の姿形、容姿に自ら「×」をつける人など、ひとりもいません。誰もがこの世に祝福されて、生まれてくるのです。ですから、生まれたとき、最初に置かれたコマは誰もがみんな、真っ白の「○」のコマ。

ここは揺るぎようがありません。まずはそのことを明確に思い出し、あるがままの自分自身を素直に受け入れましょう。

そのためにも、今の自分に「○」をつけること。あるがまま、ありのままの今の自分に「○」をつけることが、何より大切な視点です。

いいですか？　ここはとっても大事なところなので、くり返しますね。

100%の今の自分に「○」をつけること。

80%でもなければ、99%でもありませんよ。ひとつのダメ出しもせず、今の自分を全部まるごと受け入れて、大きな「○」を自分につけてあげましょう。

イケてない自分も、ずるい自分も、セコイ自分も、もちろん「○」。食いしん坊で、何度ダイエットを失敗したか、わからない自分も「○」。あごがたるみ、二の腕がプルプルして、見事な三段腹になっていても、もちろん「○」です(笑)。

私はそこまでひどくない？　それはよかった！　素晴らしい！

であれば、自分自身のネガティブな部分も、すべてひっくるめてOKを出すのは、きっと簡単ですよね。

いいですか？　今ここから……、今の自分をまるごと認めて全部に「○」、オールオッケーを出すところから始めない限り、どんなにがんばってダイエットに励んでも、仮に目標どおりにやせることができたとしても、本当の意味で「成幸」することはありません。これは断言できます！　絶対、無理です！

「ダメ」「×」から始めたことは、どんなにがんばっても、最終的にはやっぱり「ダメ」「×」な結果を招きます。

「ダメ」「×」の種をまいておいて、「よい」「○」の実を期待するほうがおかしいのです。それはリンゴの木の種をまいておいて、その木にミカンがなることを期待するようなもの。それで期待どおりの成果を得ようとするほうが、どうかしていると思いませんか？

もちろん、今の自分にダメ出しして、そこから一念発起して、ダイエットに成功する人もいるでしょう。誰かにバカにされたことで、その悔しさや屈辱をバネにして、がんばって成果を出す人の存在は否定しません。

しかし、最初は自分を否定した誰かを見返してやりたいという気持ちでダイエットを始めたとしても、本当に成功する人は必ず、どこかの時点でやせること、きれいになること自体が、楽しくなってきているハズなのです。

仮に最初の動機がネガティブなものであったとしても、途中からダイエットをする動機、モチベーションが、必ずポジティブなものに変化してきているハズ。
ダイエットに挑戦するきっかけを与えてくれた人のことも、最初は恨んだり、見返してやりたいと思っていても、途中からは自分を変えてくれるきっかけを与えてくれた存在として、感謝できる存在に変化していることでしょう。

そうでないと結局、苦しいダイエットは長続きしないし、一度はやせられたとしても、必ずリバウンドしてしまうなど、本当の意味でダイエットが成功することはありません。

つまり、できるだけ早い段階で、ダイエットをするための動機をポジティブなものに変えることがダイエット「成幸」のヒケツになるのです。
イエ、**本気でダイエットに「成幸」したいのなら、最初からポジティブな動機で始めること**。そのためには、まずは今、あるがまま100%の自分に「〇」をつけ、そのまんまの自分に〇Kを出すことから始めるしかないのです。

「きれい」とは「気」が「零」。プラス・マイナス0の状態に整っていること

「美しい」の語源は、「映し出す」だというのは先述のとおりですが、実は「きれい」という言葉の真意も、姿形、容姿やスタイルの美醜を表すための言葉ではないと、私は解釈しています。

「きれい」とは、「気」の状態が「零」。つまり、プラス・マイナス0の状態に整っていることだと読み解けます。

「気」は、空気、雰囲気、気分、気持ちの「気」。その気がプラスでも、マイナスでもなく、「0」とは、クリアでクリーンな状態です。

つまり、「きれい」という言葉の真意は、見た目の雰囲気やその人が醸し出す空気感はもちろん、その人の気持ちの部分まで含めて、すべてがクリアで透明な状態に整っ

ていることだと読み解けるのです。

そう……、本当に「きれい」な人は、外側も内側も、その人が放つエネルギーがその人らしく、クリアでクリーンな状態に整っている人のこと。

そこに顔立ちの美醜だとか、スタイルのよさだとか、そういう外的、肉体的な要素は含まれていません。

むしろ私たちが一般的に考える、顔立ちも、スタイルも、センスも完璧に整っているような、「きれい」な人は「気・零」ではなく、「気・強」。気がややプラスに偏っていて、「気が強い」「きつい」感じになってしまっているのかもしれません。

「美しい」にしても、「きれい」にしても、いずれも女性が言われてうれしくなる褒め言葉に違いありませんが、その言葉に隠された本当の意味は、**外見的な美醜を評価する言葉ではなく、むしろ内面重視。**

その人がもつ命の輝き、内側からあふれ出す光、そういうその人らしい本質が、外側に映し出された状態こそ、「美しい」ということ。

プラスにもマイナスにも偏らず、自らのポジティブなところも、ネガティブなところも、ちゃんと全部受け入れて、シンプルで凛とした状態。

その人がもつ気のエネルギーが、常にクリアでクリーンな「0」の状態に整っている人のことを「きれい」と呼ぶのです。


「美しい」にしても、「きれい」にしても、その語源を読み解く限り、見た目の問題には一切、触れられていません。

「BMI」の数値がどうとか、体重は何キロで、ウエストが何センチでなどという数字で評価できることは、本来の「美しさ」「きれいさ」とはなんの関係もないことを、こうした言葉をつくった昔の人は、ちゃんとわかっていたということでしょう。

そういう人たちが今の日本のダイエットブームを見たら、なんと言うのか？

体重の増加に一喜一憂しながら、日々ダイエットに奔走する、その姿を見て、果たして「美しい」「きれい」と評価してくれるでしょうか？

外見は、いちばん外側に現れたあなたの内面、本質の姿です

「美しい」も、「きれい」も、内面重視だということは間違いありませんが、だからといって、外側はどうでもいいということではありません。

内面の状態が外側に現れるということは、逆もまた真なり。外側の状態を見れば、内面がわかってしまうということでもあります。

つまり、**あなたの外見は、いちばん外側に現れたあなたの内面の状態であり、もっともわかりやすい本質の姿**だということになるのです。

「な～んだ、なんだかんだいっても、やっぱり人は見た目で決まるということなのね」と思ったあなた……。半分は正解ですが、半分は誤りです(笑)。

確かに今のあなたの外見、身なりや持ち物、全身のファッション、髪型やお化粧法、

体型やプロポーション、顔のつくりや表情など、外側に現れているすべては、あなたの内面を投影したものであることに間違いはありません。

先述のとおり、私たちは生まれる前に、今生の人生のシナリオを自分で書いて生まれてきます。その中には当然、自分の姿形、体形や容姿も含まれます。

ただ、生まれた時点の体形や容姿で、人生がすべて決まってしまうワケではありません。「美人薄命」という言葉もあれば、「美人は三日で飽きるが、ブスは三日で慣れる」という言葉もあります。

確かに姿形が整って生まれてくる人にはメリットは多いでしょうが、それは才能のひとつであり、それだけですべてがうまくいくほど、人生は甘くありません。

「走るのが速い」「声がいい」「話すのが得意」「手先が器用」「料理が好き」「面倒見がいい」など、人それぞれに生まれもったその人独自の才能があります。

「容姿がいい」のも、そんな才能のひとつ。そういう才能に恵まれた人は、その才能をさらに磨いて活かしていくことが大切で、せっかく生まれもった才能も磨きをかけなければ、単なる宝の持ち腐れになってしまう可能性も。

逆に才能は人並みであっても、その人並みの才能に人並み以上の時間とエネルギーを注ぎ込めば、圧倒的に秀でることも可能です。

そういう意味では、人生は公平。**確かにもって生まれた才能は平等ではないかもしれませんが、それを活かすチャンスは公平に与えられているのです。**

今のあなたの容姿、外見、体形においても、今までのあなたが生きてきた結果として、今そういう状態になっているということを忘れてはいけません。

それは誰のセイでもなく、どこにも文句を言う筋合いのものでもありません。すべて100%、過去のあなたの選択の結果。

まずはその事実を真摯に受け入れることが大切です。

ただし、そこでダメ出ししたり、反省したり、「×」をつけたりする必要はありません。

ただ、「そうなんだ」とジャッジせず、あるがままに受け入れること。

その上で、これから自分がどんな自分になりたいのかを明確にイメージすることが大切です。今までのことは、できるだけジャッジせず、素直に受け入れる。今までの過去のことは、もうどうしようもありません。そこを悔やんだり、反省してみても、未来につながるメリットは、ほとんどありません。

「なりたい自分」「憧れている容姿や体形、外見やファッション」があるのなら、まずはそうなっている自分の姿をイメージすることです。

理想とする憧れの自分の姿と今の自分とを比べてダメ出しするのではなく、そこはあくまでプラス発想。今の自分も「○」だけど、より理想に近づいた未来の自分は「◎」です。その中で、ひとつでもいいので、理想の自分に近づくための具体的なアクションを起こしていきましょう。

たとえば、やせたあとに購入したいと思っている洋服、ワンピースやスカート、パンツなど、理想の自分にふさわしいファッションアイテムをゲットするのは、即効性のある具体的なアクションです。今は着られなくても、そのファッションが似合うような自分になるためのシンボルとして、購入して飾っておくのもアリです。

結局、あなたの外見は、あなたの内面が外側に現れたものなのですから、外見を整えることから入っても、それは内面を整えることにちゃんとつながります。

外見と内面は、どちらかではなく、どちらも大事。 まさにコインの裏表のように、本来切っても切れない関係なのです。

いずれにしても、外見も内面も、それを整えようという気持ち、より美しくなる、もっときれいになるという意識、覚悟、コミットメントこそ、ダイエットに「成幸」して、新しい自分に生まれ変わるために、もっとも必要な要素です。

がんばること、それがダイエット失敗の原因

より美しくなりたい、よりきれいになりたいと思うのは、女性の本能であり、使命。女性ならではの才能だといってもいいでしょう。

女性として生まれた限りは、内面にも外見にも同じように磨きをかけて、その才能をあなたらしく活かしきりましょう。ただ、ここでひとつ大事なことが……。

より美しくなるため、よりきれいになるため、ダイエットに成功するために、あなたはがんばって、努力しないといけないと思っていませんか？　がんばって、努力しないと、ダイエットに成功して、より美しく、よりきれいになれないと思い込んではいないでしょうか？　**実はそのがんばること、努力することが、うまくいかない原因になっているかも**しれないのです。

そもそも、「がんばる」とは、「我を張る」という言葉が語源。「我を張る」とは、他人と比べて、「自分が、自分が」というエゴ(我)を主張すること。他人より一歩でも自分が先んじようとする醜い行為です。

同様に「努力」という字の「努」を分解すると、「奴隷」の「奴」と、「力」になります。つまり「努力」とは、「奴隷を力ずくで支配する」「誰かに力ずくで、イヤイヤさせられている」という意味の言葉なのです。

くり返しになりますが、「美しい」も「きれい」も、内面の状態が外側に現れた様子を意味する言葉。

あなたがダイエットに成功して、外側が美しく、きれいになったとしても、それががんばって、努力した結果だとしたら、その内面は美しく、きれいに整っているといえるでしょうか？

他人と比べて、ちょっとでも自分のほうが上だ、勝っているという意識で「我を張って」、誰かほかの人の目を気にして、本当はしたくもないことをイヤイヤ、やらされているような状況でダイエットをして、仮に肉体はやせたとしても、それであなたは本当に「成幸」できると思いますか？

より美しくなること、よりきれいになることは女性としての喜びであり、そのプロセス自体が、幸せなのです。

ですから、無理して「がんばる」のではなく、喜びとともに「夢中」になること。まるで「夢の中」の人生を生きているようなつもりで、より美しく、きれいに変身しつつある自分の姿にうっとりすること。

イヤイヤ「努力」するのではなく、自ら進んで「熱中」すること。より美しく、よりきれいに変化していく、自分の姿に熱いエネルギーを注ぎ込むこと。

夢中になって、熱中した結果、あなたはもっと美しく、もっときれいになり、より幸せな状態で、ダイエットに「成幸」することになるのです。

「豊かさ」と「美しさ」はリンクする

さて、今までの技術、ノウハウ中心のダイエット法にチャレンジして、挫折してきたあなたも、なんとなくダイエットの本来の意味や目的が、見えてきたのではないでしょうか？　そんなあなたに、ここでもうひとつ朗報です(笑)。

あなたがあなたらしい、理想の体形、プロポーションを手に入れて、より美しく、きれいになると、もれなくついてくるオマケがあります。

それはズバリ！「豊かさ」です。はっきり言いますが、**「美しさ」と「豊かさ」は比例します。より「美しく」なれば、もれなくより「豊か」になります。**

「美しさ」と「豊かさ」は同じエネルギーが別の形で現れたものですから、それは比例するというより、その本質は同じだと考えておいたほうがいいでしょう。

ちょっとここで「豊かさ」の象徴である、高価なモノをイメージしてみましょう。宝石やアクセサリーでも、ブランドものの洋服や靴、バッグでも、高級なインテリアでもかまいません。それらをイメージしながら、「豊かさ」の象徴である、そうした高額商品に共通していることは何かを考えてみましょう。

わかりましたか？　そう……、それらの高額商品に共通していることは、どれも「美しい」のです。それら本物と呼ばれるものは、デザイン的にも、機能的にも洗練されていて、うっとりするほど、美しいのです。

このことは美しさこそ、豊かさの本質であり、**「美しさを極めていくと、豊かさに至る」**という真理を物語っているといえます。

つまり、あなたが美しく、きれいになればなるほど、「豊かさ」がもれなく、引き寄せられてくる。「豊かさ」が向こうから、自然に吸い寄せられてくるのです。

このメカニズムをもう少し具体的に説明すると、たとえば未婚の方なら、美しくきれいになることで、当然、それにふさわしい男性が引き寄せられてきます。美しく、きれいな女性にふさわしいのは、美しくきれいな男性ではありません。男性と女性とでは魅力の表現方法が違うので、女性の「美しく、きれい」に相当する男性の魅力は、「仕事ができて、カッコイイ」ということになります。

「仕事ができて、カッコイイ」男性は、「豊かさ」を生み出す力があるということ。

つまり、女性が美しくきれいになると、「豊かさ」を生み出す力のある、「仕事ができて、カッコイイ」男性が引き寄せられてくるというワケです。

では既婚の女性が美しく、きれいになると、どうなるのか？

当然、今の夫、旦那、パートナーの見る目が変わります。「どうしたのかな？　何かあったのかな？　誰か好きな奴でもできたのか？」と最初は心配するかもしれません。

しかし、それが自分のためにダイエットして、きれいになったとわかれば、それで発奮しない男はいません。逆にそれでやる気に火がつかないような男なら、こちらから見限ってもいいくらい。必ず、もっといい男が現れますから(笑)。

男性のやる気に火をつけるのが、女神としての女性の仕事。女性が自分の力で「豊かさ」を生み出すのも悪くはありませんが、男性が本気でやる気になれば、その「豊かさ」を生み出すパワーは、やはり女性の比ではありません。

あなたが美しくきれいになるだけで、パートナーのやる気に火がつき、勝手により多くの「豊かさ」を運んできてくれるのです。そうやって、男性のやる気に火をつけられる女性のことを「あげまん」と呼ぶのです。

つまり、**女性が美しく、きれいになるということは、「豊かさ」にも直結する、一石二鳥のとても経済効果の高い投資**だといえます。

髪の毛を振り乱して、なりふりかまわず、自ら必死で働くのも悪くありませんが、その同じエネルギーをより美しくきれいになることに使えば、「豊かさ」が向こうから勝手にやってくる。宇宙はそんな仕組みで成り立っているということも、ぜひ覚えておいてくださいいね。

「ふくよかさ」こそ、「豊かさ」の象徴

前項で「豊かさ」と「美しさ」はリンクするということを書きましたが、実はもうひとつ大事なことがあります。

「豊かさ」は「ふくよかさ」に宿るのです。

あなたは、『ヴィーナスの誕生』という絵画を見たことがあるでしょうか？

これはルネサンス期のイタリアの画家サンドロ・ボッティチェリの代表作で、世界的な名画としても有名なので、絵を見れば、きっとあなたもわかるハズ。

この絵は、ギリシャ神話で語られている「女神ヴィーナス」が成熟した大人の女性として、海から誕生した様子を描いているのですが、注目すべきは、その「女神ヴィーナス」の体型です。

これはどう見ても、スリムとはいえません。どちらかといえば、イエ、結構な感じのぽっちゃり具合。でもこの姿形、体形が中世ヨーロッパの人々がイメージする「女神」としての理想像。理想のプロポーションだったのです。

ひるがえって日本に目を移すと、日本には西欧のような偶像崇拝の習慣がないので、日本の女神を代表するイメージ図は見当たりませんが、日本に定着した神様像としてポピュラーなのは、七福神でしょうか。

七福神の中の紅一点が「弁財天」ですが、その原形はインド由来のヒンドゥー教の水と豊穣の女神、サラスバティー。こちらの女神様も、ふくよかなお姿をされていますが、七福神の中で主に金運、財運を司るのは「恵比寿様」や「大黒様」。

そのお姿はどちらも見事な太鼓腹で、こちらの体形はまさにメタボ(笑)。

もちろん、現実と架空の神様のイメージ世界とは別でしょうが、「ふくよかさ」と「豊かさ」は古くから世界中でリンクしていることは間違いなさそうです。

客観的に見ても、農作物や自然の恵みがたくさん穫れることが、「豊かさ」の象徴ですから、豊穣をイメージする神様が貧相で貧弱に描かれるハズはありません。

逆に貧乏神や疫病神、死神などの恐ろしい神様の姿が、ふくよかでニコニコしているハズもなく、それらは一様にやせ細った姿で描かれるのも当然です。

つまり、**「やせっぽち」＝「貧相、貧しさ」であり、「ふくよか」＝「お金持ち、豊かさ」であることは、時代を超えた世界共通認識**なのです。

現代の日本では、すでに「たくさんある」＝「豊かである」とは必ずしも言えない状況になっているとはいえ、古代から私たちのＤＮＡに刻まれてきた「豊かさ」＝「ふくよかさ」の記憶は今も、しっかり息づいています。

ですから、「やせすぎ」にはくれぐれも要注意。やせすぎてしまうと、金運、財運からも見放されてしまう可能性が大です。金運、財運に見放されてしまうと、美しさも保てなくなり、より貧相になり、やつれた感じが、さらに不幸やトラブルを引き寄せることになりかねません。

「美しさ」「豊かさ」「ふくよかさ」は、常にセットで存在しています。

「やせすぎ」は「美しさ」からも、「豊かさ」からも見放されることになる、危険な状態。安易なダイエットは、あなたから「美しさ」も、「豊かさ」も奪っていくことになるかもしれないので、よくよく注意が必要です。

すべての現象を創り出すのは、あなたの意識

美しさも、きれいさも、豊かさも、その根元にあるのは物理的な現象ではなく、気持ちや心、意識やエネルギーといった、目に見えない世界の領域です。

目に見える、すべての現象を生み出すもととなっているのは、こうした目に見えない領域のほうなのです。この世界は一見すると、目に見える物質だけで成り立っているように見えますが、すべての目に見える世界の裏側、根っこには目に見えない世界が必ず、くっついている。それらはどちらか一方だけを切り離して成り立つものではなく、どちらも大事。切っても切り離せない表裏一体の関係です。

ですから、物理的、肉体的にやせよう、ダイエットしようと思っても、そこには必ず目に見えない領域がかかわってきます。

そもそも「やせよう」と思うこと自体、もう目に見えない領域が司っています。

先述のとおり、「なぜ、やせようと思うのか？」「やせて、いいことはなんなのか？」「やせることによって、得られる感情はなんなのか？」という根本的な理由を探っていくと、必ず目に見えない世界にたどり着きます。

ですから、「そこ」を無視して、物理的、肉体的にやせよう、ダイエットしようとしても、うまくいきません。あなたのダイエットがうまくいかなかった原因も、「そこ」にあったのではありませんか？

目に見えない世界とは、何も怪しい、おどろおどろしい世界ではありません。「我思う、ゆえに我あり」みたいなものです。シンプルにいってしまえば、意識の世界。目に見えないあなたの思い、心、感情といったものが、目に見えるすべての現象を創り出すもとになっているのです。

目に見える世界と目に見えない世界とを樹木にたとえて説明すると、地中に隠れている根っこの部分が、目に見えない世界の領域です。見上げるくらい大きな樹であっても、その大きく広がっている枝葉の面積と同じ面積の根っこが地中に張り巡らされているといわれます。その根っこは地上からは見えませんが、確実に存在する。根っこがなければ、樹は生きていけないのですから。

さらに樹はどこから生えてくるかといえば、土の中から。土の中に種が植えられて、その種が発芽して、地上に芽を出してくるのです。

種が先。芽はあとです。この植物の仕組みと全く同じことが、私たちの意識と現象の関係にも当てはまります。そう……、**意識が先。現象はあと**なのです。

この宇宙を貫く原理原則を理解できているかどうか、この原理原則を使いこなしているかどうかが、あなたが思いどおりの人生を送れるかどうかの最大のポイント。それさえわかれば、ダイエットなんて、チョロイもんですから(笑)。

ダイエットは目的？　それとも手段？

ダイエットをしている人、ダイエットをしたい人に、その目的を聞くと、「他人の目が気になる」「きれいな服がいろいろ着たい」「カッコよく、きれいになりたい」「健康状態が気になる」など、さまざまな理由を挙げてくれます。

でも残念ながら、こうした理由でダイエットに挑戦しても、望む結果を引き寄せることは難しい。それはなぜか？

それはシンプルに「やせる」「やせたい」と思っていないからです。

「やせる」ことは、その先にある本当の目的を達成するための手段であって、それ自体が目的になっていないからです。

本当に「やせたい」と思っている人は、「やせること」が目的で、その先がない。

その先のことは、実際にやせたあとに考えればいいことですから。

「他人の目が気になる」のだったら、他人の目を気にしないようになればいいのです。それはやせなくても実現できます。

「きれいな服がいろいろ着たい」のだったら、自分の体形に合わせて、オーダーメイドでつくってもらえばいいのです。それもやせなくても実現できます。

「カッコよく、きれいになる」のも、「健康状態が気になる」のも、「やせているかどうか」は直接、関係ありません。

少なくとも、これらの目的はやせなければ、達成できないことではありません。これらは一見、「やせること」が目的のように見えますが、**実は「やせる」ことは手段であって、目的にはなっていません。**

やせることが目的ではないのに、苦しいダイエットが続くと思いますか？

あなたは本当にやせたいのですか？

それとも、ダイエットの目的はほかにあるのでしょうか？

最終目的は「やせること」、それとも「幸せになること」？

さて、ここで改めて、あなたに質問です。

「あなたはなんのために、ダイエットをしている、あるいはしようとしているのでしょうか？」

「ダイエットの最終目的はなんですか？」

このダイエットの最終目的を明確にすることこそ、まさに目に見えない領域で、意識の種をまく作業です。

この種のまき方、選び方を間違えてしまうと、どんなにがんばっても、イエ、がんばるからこそ、ダイエットがうまくいかなくなるという悲しい現象を引き寄せることになってしまうので、要注意です。

あなたにとって、ダイエットに成功することで、手に入れたい結果、味わいたい感情とはなんでしょう？　達成感？　優越感？　自己肯定感？　自分に「○」をつけること？　喜び？　幸せ？

結局、味わいたいのは、こうしたポジティブな感情ではありませんか？

だとすれば、それはダイエットに成功しなければ……。今よりも体重を落として、やせて理想のプロポーションを手に入れなければ、そのポジティブな感情は本当に味わえないものでしょうか？　今一度、よ～く考えてみませんか？

確かに体重や体形は他人と数字で比べることができるかもしれません。

しかし、喜びや幸せといったものは、他人と比べることはできません。他人の幸せは他人のもの。あなたの幸せは、あなたのもの。にもかかわらず、他人との比較の上で幸せを得よう、味わおうとするから、おかしくなるのではありませんか？

ダイエットの最終目標が、喜びや幸せという感情を味わうことなら、それはダイエットをしなくても、今ここで、あなたが意識しただけで味わえます。

イエ、喜びや幸せは今ここで、あなたが意識しない限り、味わうことは決してできません。喜びや幸せはどこか遠くにある「未来の結果」ではなく、今ここにあるもの。**今ここの喜びや幸せこそ、喜びや幸せを創る「未来の原因」となる**のです。

今ここで、喜びや幸せを味わってみましょう。

あるがままの自分を受け入れて、「私は私のことが大好きです」と声に出して、つぶやいてみましょう。それだけで、胸のあたりが、なんだかほんのりと温かく感じられませんか？　それが喜びや幸せという意識のエネルギー。それが未来に向けて、さらなる喜びや幸せを生み出す種になるのです。

難しいことは何もありません。

シンプルにシンプルに、極めてシンプルに。**ただ今の自分を認め、許し、愛し、まるごと受け入れるだけでいい**のです。それが新しい自分に生まれ変わるための、小さいけれど大きな違いを生み出す、最初の一歩になるのです。

魔法のダイエットQ&A

Q 昔から脚が太くて悩んでいます。中学生の頃、母親に「あなたは脚が太いから見せないほうがいい」と言われたこともあり、洋服はいつもズボンばかり……。やせたら女性らしいフリルのついた服やワンピースを着てみたいのですが、どうしたら脚が細くなりますか？

（I・Mさん 42歳 東京都）

A 一見、脚が太いことで悩んでいるように見えますが、実はそうではありませんね。Iさんは、現実的に自分の脚が太いことをどうやって確認したのでしょうか？　自分の脚が太いと、客観的に証明することはできますか？

本当は中学生の頃、お母さんに「脚が太い」と言われたという、その記憶を今もまだ、しっかり握りしめたまま、それを自分が変われない言い訳にしているだけではありませんか？

Iさんご自身で書かれているとおり、目的は「脚を細くすること」ではなく、「女性らしいフリルのついた服やワンピースを着ること」でしょう？

それがわかれば、解決法はカンタン。

今すぐ、女性らしいフリルのついた服やワンピースを買いに出かけましょう。

できれば、自分で選ぶのではなく、お店の人に希望を伝えて、とびきりかわいらしいお洋服を選んでもらうといいでしょう。

ここで変な遠慮は無用。ぜひ、長い間、脚を見せずにがんばってきた自分へのご褒美だと思って、少しリッチなお洋服を選びましょう。

現実的に見れば、お買い物をしているだけですが、Iさんにとっては長年握りしめていたお母さんからの言葉によるトラウマを解消するためのエクササイズであり、セラピーの一環だととらえてください。

フリルのついたかわいらしいワンピースを身につけた自分を見ることで、きっとIさん自身がいちばん癒され、お母さんも許すことができ、今まで隠れていた「新しい自分」にも出会うことができるハズですから。

魔法のダイエットQ&A

Q 子どもを出産後、体形の変化が気になります。結婚前はウエディングドレスを着るために楽しくやせられたのに、今は「つらい……」と感じてうまくいきません。もっと好きな服を着て、きれいなお母さんでいたいのですが、どうやったら楽しくダイエットできますか？

（K・Mさん 31歳 群馬県）

A Kさんのご質問に、「答え」が隠されていますね。

ウエディングドレスを着るためには、楽しくやせられたのに、きれいなお母さんでいるためには、つらくなってしまって、うまくやせられない……。その違いはなんでしょうか？　Kさんはご自分で気づかれているでしょうか？

その違いとはズバリ！「自分のため」のダイエットなのか、「人のため」のダイエットなのかの違いです。

今、やせるのがつらいと感じているとしたら、それがKさんの「答え」。本音では「やせたくない」、少なくとも「つらい思いまでして、やせる必要を感じていない」ということです。まずは自分のその気持ちを素直に認めてあげることが大切です。

子どもにとっては、どんなお母さんでも、きれいなのです。どんなお母さんであっても、大好きなのです。その大好きなお母さんが、自分自身を否定していることが、子どもにとって、いちばんの不幸になります。

ですからまずは、Kさんが今の自分をまるごと受け入れること。そのままの状態で、もっと好きな服を着て、きれいだと自分で認めることが大切です。

その上で、「もっといろんな服を着たい」「もっときれいになりたい」と思えば、そこから先は自分のためのダイエットになるハズです。自分のためのダイエットのスイッチが入れば、一度、成功しているので、ダイエットは難しくないハズ。

ただ、Kさんの場合、ダイエットのモチベーションが、「子どものため」「自分のため」は出てきても、「パートナーのため」が全く出てこないのが、男子としては少し気になりますけど……(笑)。

Chapter 3

言葉とダイエット

「言葉」「行動・習慣」とダイエットの関係性

前章でこの世のすべての現象は「目に見えない意識の世界」という原因があって、初めて「目に見える形」となって現れるということを書きました。

それは、地上に見えている樹とその樹を地中で支えている根っこのような関係で、「目に見えない世界」の土の中に「種」があり、それが発芽して樹に成長したものが、私たちが普段、「目にしている現象の世界」だと説明しましたが、覚えているでしょうか？

この地上に見えている樹の部分、目に見えている世界のほうをもう少し詳しく見ていくと「幹」と「枝葉」「花や実」という、大きく3つのパーツにわかれます。

樹の「幹」にあたる部分が、「言葉」。「枝葉」にあたるのが、「行動・習慣」。そして「花や実」にあたるのが、「現象・出来事」です。

そう……、私たちが日頃、現実的に目にしている「現象・出来事」は、樹木でいうところの「花や実」の部分。その「花や実」という現象を見たり、味わったりして、一喜一憂しているのが実情です。

もし、あなたが自らの人生で味わう「花や実」を本気で変えたい、別の「花や実」を見てみたい、味わってみたい……、新しい自分に生まれ変わりたいと思うのなら、あなたがすべきことははっきりしています。

「現象の樹」のモデル図（117ページ）を見ればわかるとおり、「花や実」という「結果」に働きかけるのではなく、その結果につながる「枝葉」である「行動・習慣」、「幹」にあたる「言葉」、そして地中に隠れている「根っこ」に相当する「意識」を変えていくしかありません。

「花や実」という現象、出来事は結果なのです。

結果はすでに終わったもの。その終わったもの、過去に自分でまいた「種」の結果である「花や実」を見て、「大変だ！　太った！　どうしよう」と騒いだところで何も変わりません。

今のあなたの状態、体重、体形、姿形は、過去にあなたがまいてきた「意識」の「種」が発芽して、それが「言葉」という「幹」によって支えられ、そこから「行動・習慣」という「枝葉」が伸びてきた先にできた「花や実」に相当します。

厳しいようですが、太ったのは、あなたが太ることを「意識」し、太る方向で「言葉」をつかい、太るための「行動・習慣」を積み重ねてきた結果です。

それはリンゴの種を自分でまいておいて、リンゴの実がたわわに実ったのを目にして、「こんなハズじゃなかった。私はリンゴじゃなくて、バナナがよかったのよ！」と叫んでいるようなもの。

すでに出た結果に対して、文句を言ったところで、何も変わらないどころか、さらにネガティブな現象が引き寄せられるだけなので、要注意です。

「現象の樹」のモデル図

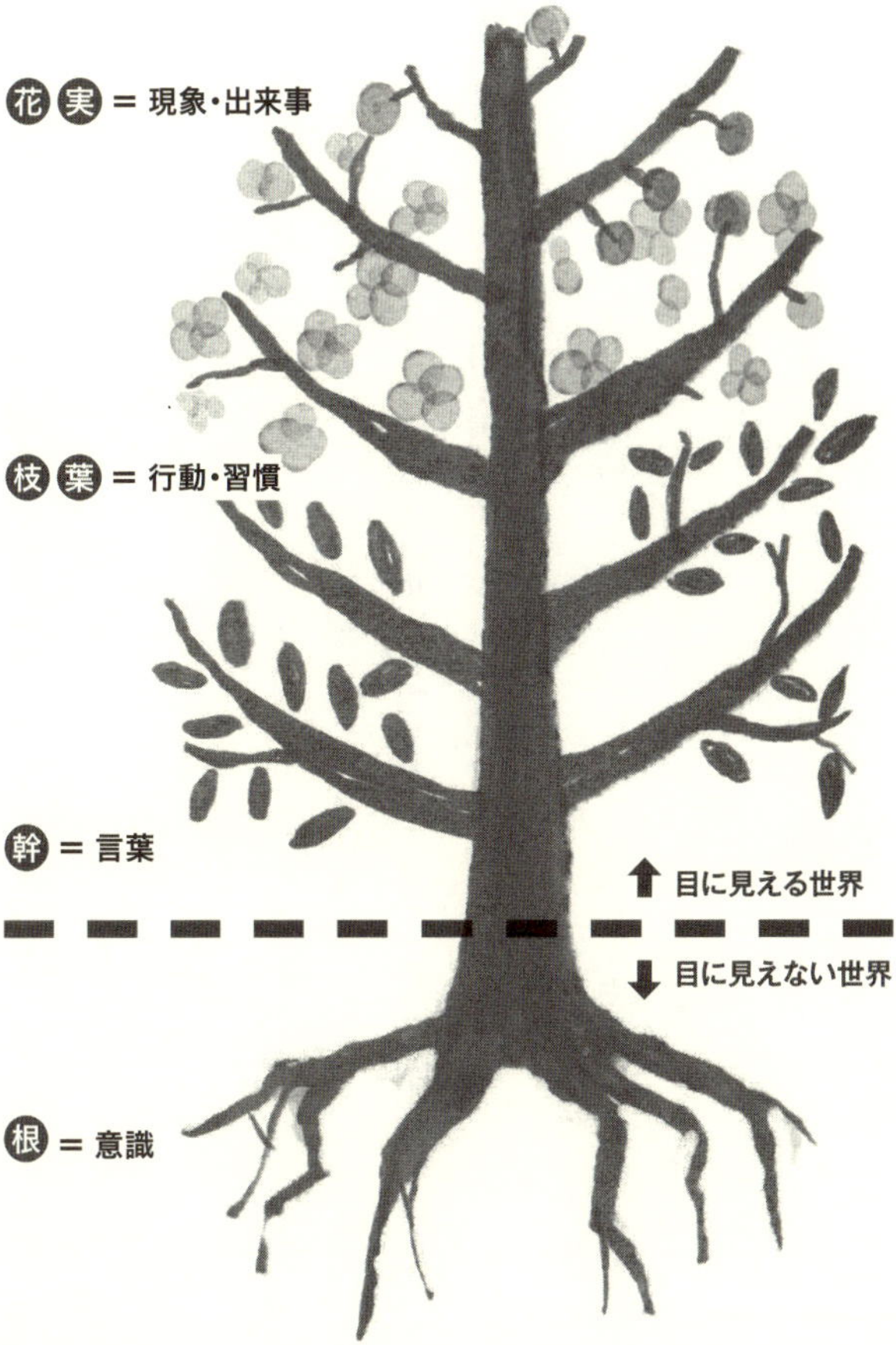

ダイエット成功のカギは、潜在意識にあり

先述のとおり、目に見える世界の「現象・出来事」を変えたいと思うのなら、目に見えない世界を司る「意識」を変えていくしかありません。

しかし、この意識の領域は、さらに「顕在意識」と「潜在意識」というふたつの領域に大別されます。「顕在意識」は、あなたが自分で意識できる領域。「トイレに行く」とか、「何を食べる」とか、自分の意思でコントロールできるものです。

それとは別に、目に見えない世界には「潜在意識」という領域があって、それが身体機能を含め、人生の大半を司っています。あなたも歩くとき、「右足はこう出して、その次に左足はこのタイミングで出して、さらにそのとき右手はこうで……」とか、そんなことを考えて歩いたりはしないでしょう。

そういう当たり前のように、習慣的に無意識のレベルでやっている行動や習慣を

司っているのが、「潜在意識」。
その**「潜在意識」が、意識全体のほぼ9割を占めている**といわれています。

つまり、本気でダイエットに成功しようと思うのなら、この「潜在意識」の領域に働きかけないと、望む成果は得られません。

ダイエットに失敗する人はよく、「私は意志が弱いから……」と言い訳をしますが、それは意志が弱いのではなく、潜在意識の使い方が間違っているだけのこと。

言い換えれば、自らの潜在意識に意識的に働きかけ、コントロールできれば、ダイエットだけでなく、望む現象を手に入れることもカンタンです。


あなたは、「そんな美味しい話が……」と眉につばをつけるかもしれませんが、これは間違いなく「美味しい話」ではあっても、決して「甘い話」ではありません。

先述のとおり、意識の領域は目に見えません。まして潜在意識は、その意識の領域の中でも、さらに深いところに隠れています。そこにアクセスして、思いどおりにコントロールするのは、決して楽なことではありません。

ただ、ここでもう一度、思い出してほしいのです。「現象の樹」のたとえを……。意識とは、地中に隠れている根っこの部分。目に見える世界である地上から、ここにダイレクトにアクセスすることはできません。では地上に見えている部分で、いちばん根っこに近いところにあるのは、なんでしょう。

そう……、「幹」です。「幹」とは、「言葉」です。

つまり、樹木の「幹」にあたる「言葉」を変えていくことが、根っこにあたる意識、さらにその奥にある、地中深く隠れている潜在意識に働きかけるための、もっとも具体的かつ効率的なアプローチ法になるのです。

キリスト様もこうおっしゃっています。「はじめに言葉ありき。言葉は神なりき」と。

まさに**「言葉」には、目に見えない神の領域である意識の中でも、さらに深いところにある潜在意識に作用する「神の働き」がある**のです。

言葉を制する者が、ダイエットを制する

ダイエットが成功しない人に共通の言葉遣いというものがあります。なんだか、わかりますか？

ズバリ！**「私、なに食べても、太っちゃうのよね～」**というワード。

あなたも何気なく、口にしたりはしていませんか？

目に見える世界では、「現象・出来事」→「行動・習慣」→「言葉」→「意識」の順に目に見える影響度の優先順位がつけられています。

ダイエットでいえば、目に見える現象としていちばん大事なことは、「体重が減る」とか、「ウエストが細くなる」とか、そういうことですよね。

そのためには、「運動する」とか、「食事制限をする」とか、そういう具体的な「行動・習慣」を変えていったり、実践することが求められます。もちろん、そのアプローチ

は間違っていませんし、「やせる」という望む現象を引き寄せるためには必要なアプローチではありますが、残念ながら、それだけではうまくいきません。

ここでもう一度、「現象の樹」のモデルをイメージしていただきたいのですが、「やせる」「ダイエットに成功する」という「現象・出来事」は、樹木にたとえると、「花や実」ということになりますよね。その「花や実」にダイレクトにつながっているのが、「行動・習慣」という名の「枝葉」です。「花や実」という現象に直接、つながっている「枝葉」を変えることで、「花や実」の種類、つまり起きてくる「現象・出来事」が変わってくるのは誰もがきっとイメージできるでしょう。

しかし、あなたという名の樹木は、「花や実」と「枝葉」だけで成り立っているワケではありません。「花や実」と「枝葉」だけで成り立っている樹木など、この世に存在しないように、あなたという名の樹木も、「現象・出来事」と「行動・習慣」だけで成り立っているワケではないのです。

「行動・習慣」という名の「枝葉」の先には、「言葉」という名の「幹」があり、その幹は地中につながり、「意識」という名の「根っこ」を広げているのです。

ですから、先述のとおり、**目に見える「結果の世界」では、「現象・出来事」＞「行動・習慣」＞「言葉」＞「意識」**の順に目に見える影響度の優先順位がつけられていますが、これを**目に見えない「原因の世界」のほうから見直してみると、「意識」＞「言葉」＞「行動・習慣」＞「現象・出来事」**の順に、あなたの人生に対する影響度の優先順位がガラリと変わってしまうのです。

「目に見える世界」は、「結果」の世界。その「原因」は、「目に見えない世界」、意識の世界、潜在意識の世界のほうにあります。

ですから、「目に見える世界」で、目に見える結果として、望む「現象・出来事」を引き寄せようと思えば、「意識」→「言葉」→「行動・習慣」の順で働きかけていかないと、望む結果は得られません。

ただ、「意識」の世界は、目に見えない世界。「花や実」という「現象」がメインの目に見える世界から、「根っこ」にあたる「意識」という名の目に見えない世界に直接、働きかけるのは正直、なかなか難しい。なので、その間をとりもってくれている「幹」である「言葉」に働きかけ、「言葉」を変えていくことが、非常に大事なポイントになるのです。

そう……、はっきり言って、**「言葉を制する者が、ダイエットを制する」**のです。

「言葉」は、「目に見えない意識の世界」と「目に見える現象の世界」とをつなぐ役割をもっています。「言葉」を発することで、「目に見えない意識の世界」と「目に見える現象の世界」の両方同時に、影響を与えることができるのです。

あなたがどんなに「やせたい」と思っていても、「私、なに食べても、太っちゃうのよね～」という言葉を発した途端、その「やせたい」という意識は吹き飛び、「太っちゃう」という言葉の影響が意識にも、現象にも作用することになるのです。

言葉をつかって、潜在意識を支配する

なぜ、言葉のほうが意識により強く作用するのでしょうか。

意識は、「顕在意識」と「潜在意識」の大きくふたつの領域にわかれることは先述したとおり。当然、「やせたい」と思っているのは、「顕在意識」のほうです。だって、あなたは「やせたい」と思っている自分をちゃんと意識しているでしょう。

ですが、意識全体を圧倒的に支配しているのは、「顕在意識」ではなく、「潜在意識」。その「潜在意識」は無意識とも呼ばれるように、何をどんなふうに意識しているのか、自分でもよくわからないのです。

ですから、あなたが「顕在意識」でどんなに「やせよう、やせたい」と思っていたとしても、「潜在意識」のほうが、「別に今のままでいいじゃん」「ダイエット？　そんなのムリムリ」「しんどいのはイヤよ～」「食べたい物を我慢するなんて、耐えられない」な

どと思っていたら、はっきり言って、「顕在意識」に勝ち目はありません。「顕在意識」と「潜在意識」とが意識レベルで勝負している限り、**「潜在意識」の圧勝は揺るがないのです。**

では、どうすれば「潜在意識」に言うことを聞かせられるのか？

そのもっとも効果的、効率的なアプローチ法が、「言葉」をつかうことなのです。「言葉」を発するということは、意識という名の「検索ソフト」に「検索ワード」を入力するようなもの。最新の音声検索ソフトを使いこなしているのと、全く同じ。

ですから、**自分が望む現象を引き寄せたければ、その現象を引き寄せるような「言葉」を発し続ければいいだけ。**たとえば、本気でダイエットに成功したいと思うのなら、ダイエットに成功するための言葉を、あなたの意識という名の検索ソフトに入力し続ければ、その「言葉」があなたの潜在意識に刷り込まれて、やがてその現象を引き寄せる、現実化することになるという仕組みです。

言葉をつかって、「潜在意識」を支配する方法は、このとおりカンタンです。

この仕組み自体はとてもシンプルかつパワフルなので、この方法を実践し続けられれば、必ず望む結果は手に入ると断言できます。

しかし、人はふつう、一日に5万〜10万もの思考、つまり考え事をしているといわれます。さらにその考え事のうち、7〜8割がネガティブな思考で占められているという指摘もあります。まぁ、無意識レベルで考えているコトをどうやってカウントするのか、さらにそれをポジティブとネガティブにどうやって区分けするのかは定かではありませんが、ざっくり計算すると、一秒に一回、何かあまりよろしくないことを考えているような計算になります。確かに人は無意識のうちに、いろんなことを考えていますから、その指摘もあながち的外れではないでしょう。

顕在意識と潜在意識を合わせて、もし一秒に一回の割合でいろいろなことを考えているとしたら、ダイエットに成功するための言葉をどのくらいの割合で発すれば、潜在意識に届くのでしょうか。

絶対、間違いないのは毎日、5万~10万回、ダイエットに成功するための言葉を発することでしょう。ほかのことが考えられないくらいのペースで、一秒に一回のペースで起きている時間ずっと、その言葉を言い続けられれば、嫌でもその言葉が潜在意識に浸透することになるのは、間違いありません。

ただ、それはあまり現実的なアプローチとはいえませんよね。現実的ではありませんが、もしそれができれば、現実的な効果が出るのも間違いありません。つまり、本気で「やせたい」「ダイエットに成功したい」と思うのなら、それくらい熱いエネルギーを注ぐ必要があるということなのです。

それくらい、**あなたの潜在意識は手ごわい敵だということでもありますし、逆に味方につければ、これほど頼もしい相棒はいないとも言えます。**

いずれにしても、あなたの人生を支配している潜在意識を敵にするのも、味方にするのも、あなたの言葉次第だということだけは、間違いありません。

「思い込み」は、「重いゴミ」

今のあなたは、「過去のあなたが思ったこと（意識）」、「過去のあなたが発した言葉（言葉）」、「過去のあなたがしたこと（行動）、無意識にしていること（習慣）」の３つの足し算によって成り立っています。

つまり、**「意識＋言葉＋行動・習慣＝現象」**です。

今のあなたは、過去のあなたの「結果」であり、未来のあなたの「原因」です。未来に望む現象を引き寄せたいと願うなら、今この瞬間から、あなたの「意識、言葉、行動・習慣」を望む未来にふさわしいものに変えていかなければなりません。

この中で「言葉」と「行動・習慣」は、「目に見える世界」の領域なので、ある程度、意識すれば、現実的に変えていくことは可能です。

しかし、「意識」は「目に見えない世界」の領域のことなので、直接、働きかけるのは難しい。それが普段、意識していない「潜在意識」、無意識のレベルであれば、なおさらです。だからこそ、意識的に自分が発する「言葉」を変えることで、「潜在意識」レベルに働きかけることが、より重要になってくるワケです。

ただし、どんなにポジティブな言葉をたくさん発して、「潜在意識」にインプットしようとしても、「潜在意識」のデータ容量がすでに満杯になっていては、新しいデータを取り込むことができません。

そのためには、**先に古くなった「使えないデータ」を意識のデータファイルの中から削除、および消去する必要がある**のです。

たとえば、ダイエットに関する「使えないデータ」とは、「ダイエットは苦しいもの」「ダイエットには厳しい食事制限や運動が必要不可欠」「これさえ、食べれば（あるいは食べなければ）、やせられる」「多少、やせたところで、美人にはかなわない」「ダイエットをしないような女は、すでに女を捨てている」などなど。

もし、そうした意識をあなたがすでにもっているとしたら、それが、あなたがダイエットに成幸することを妨げる原因になっているかもしれません。

「これさえあれば、やせられるハズ」という一見、ポジティブなデータも、「どうせまた、三日坊主で終わる」というネガティブなデータも同じように、それらは過去のもの。今のあなたにとって、有益なデータかどうかは、わかりません。

さらにどんなアプローチ法であっても、それが自分に合うか合わないかは、実際に試してみないとわかりません。にもかかわらず、「あれはダメ、これはよくない」とやっていると、いつまでたっても現象が変わることは絶対、ありません。

そうした過去の思いをしっかり握りしめたままでいると、新しいデータが入り込む余地がなくなり、結局、過去の使えないデータをたくさん抱えたまま、身動きがとれない状態になってしまいます。

パソコンのデータ容量が大きくなると、動作が「重くなる」といいますが、まさにこれと同じこと。**どんな思いであっても、「思いは重い」のです。**思いの重さ、過去の思いのデータ容量が重たくなると、それが原因であなたという名のパソコンがフリーズしたり、動作に極端に時間がかかったりすることもあるのです。

もし、あなたが「ダイエットとはこういうもの」「ダイエットを成功させるためには、こうしなければ……」という思い込みをもっているとしたら、その「思い込み」こそ、ダイエットの成功を阻んでいる最大の障害物、「内なる敵」といえるかもしれません。

「思い込み」は、「重いゴミ」。「思い」は「重い」ので、それがあなたの意識を重くしている原因かもしれません。「思い込み」という名の「重いゴミ」をたくさん抱えていることで意識が重くなると、「めんどくさい」「うっとおしい」「どうせ」などという重い言葉が多くなり、それと連動して行動や動作もだるく重くなり、やがて現実的な身体や体重も重くなっていくのです。

「見つめたものが拡大する」が宇宙の法則

「ダイエットをしよう！」と心に決めると、途端にダイエット関連の記事が目についたり、テレビをつけるとダイエット特集の番組をやっていたり、友達も同時期にダイエットを始めたという情報が入ってきたり……。

あなたにも、そんな経験はありませんか？

一般的には、「たまたま」や「偶然」で片づけられることかもしれませんが、目に見えない意識の世界において、こうした現象は「たまたま」でも、「偶然」でもありません。

それはあなたが自らの潜在意識の検索ワードに「ダイエット」と入力したから。

あなたは「タイミングがいい！　ラッキー♪」と思っているかもしれませんが、それはあなたの潜在意識が、「ダイエット」に関する情報をかき集めて、あなたの前に提示してくれた結果なのです。

「見つめたものが拡大する」というのが、この宇宙を貫く法則のひとつ。

あなたが気になったもの、注目したもの、意識的に選択したものが、あなたの目の前のスクリーンに大写しになる。グググッとズームアップされて映し出されます。

そこに「よい・悪い」は全くありません。あなたが自分が太っていることを気にしたり、太っている部分に注目したりすると、その部分があなたの目の前に大きく拡大して映し出されることになるのです。

先述のとおり、その意識の検索ワードへの入力方法は、音声入力。つまり、自分の言葉です。あなたが「また太っちゃった」「おなか周りの贅肉が気になる」「二の腕のたるみをなんとかしたい」などと口に出すと、あなたの潜在意識は一生懸命に「太る」「おなか周りの贅肉」「二の腕のたるみ」に関する情報をかき集めて、あなたの目の前に提示してくれます。

「太る」を見つめると、「太る」が拡大します。「おなか周りの贅肉」や「二の腕のたるみ」を見つめると、さらに「おなか周りの贅肉」「二の腕のたるみ」が拡大されるのです。見つめれば見つめるほど、その部分、現象がクローズアップされる。それはまさに自らの望む状態とは逆の効果を生むことになるので、要注意です。

あなたが本気でダイエットに挑戦しよう、ダイエットを成功させたいと思うのなら、**今日から「太る」「太った」「太い」は禁句です。**

こうした言葉を自らが口にすればするほど、「太る」「太った」「太い」現象が拡大増幅してくるだけ。ダイエットにとっては、百害あって一利なしです。

あなたが思っている以上に、言葉は強烈なパワーをもっています。

冗談でもダイエットの妨げになるような言葉を口にしてはいけません。**「口にした言葉どおりの現象が目の前に現れる」**のです。まさにあなたが口にする、すべての言葉こそ、「魔法の言葉(じゅもん)」そのものです。

言葉をつかって、まずは意識のダイエットから始めよう！

心や感情を含めた意識レベルの「重いゴミ」、「思い込み」を手放すことで、現実的な身体も体重も軽くなる可能性は大いにあります。

そもそも、「私は太っている」という意識も、単なる思い込みかもしれません。どういう基準で、あなたは自分が太っている、ダイエットが必要と判断したのでしょうか？　それは本当にあなたの考え、思考、意識でしょうか？
自分以外の誰かから、知らないうちに押しつけられた価値観ではありませんか？

さらに**「太っている」＝「悪いこと」「価値がない」というのも、単なる「思い込み」**でしかありません。
時代や地域が変われば、「太い、細い」の基準も変わりますし、「太っていること」

は「豊かさ」の象徴であり、女性の価値を決める重要な要素だった時代や地域だってあるのです。実際、先述のとおり、現代においても男性から見れば、ふくよかな女性のほうがモテる傾向にあるのは、間違いないでしょう。

私たちは、こうした役に立たない「思い込み」＝「重いゴミ」をたくさん抱えているから、現実に身体も重くなってしまうのです。

では、どうすれば、感情・意識レベルの「重いゴミ」、「思い込み」を手放すことができるようになるのかといえば、ここでも効果的なのは、「言葉」をつかうこと。

シンプルにネガティブワードをつかうことを避け、できるだけポジティブワードをつかうよう、心がけることが、「思い込み」という名の意識レベルの「重いゴミ」を手放すことにつながります。

それにはまずは普段、自分が発している言葉に注目すること。自分がどんな言葉をよくつかっているのか、口ぐせは何かなどを注意深く観察してみましょう。

身近な人にお願いして、自分の口ぐせをチェックしてもらうのもいいでしょう。普段、自分では悪気なくつかっている言葉が、周りの人にとってはネガティブワードに聞こえている場合もあるかもしれません。まずは、その事実に気づくこと。

あなたの潜在意識の奥底に沈殿している「思い込み＝重いゴミ」は、両親や兄弟、友人や周りの人々、世間の価値観によって、長い間かけて洗脳されてきた結果、溜まってできたもの。それを一日で完全にきれいにすることはできないかもしれませんが、言葉の力を活用した、この「意識のダイエット」から始めない限り、あなたの肉体的ダイエットが本当に成幸することはないと断言できます。

ですから、一日少しずつでもいいので、**意識の底に溜まった「思い込み」という名の「重いゴミ」を言葉の力をつかって、きれいにお掃除していくこと。**

これが真に成幸するためのダイエットには欠かせない、非常に重要なステップになるのです。

「意識ダイエット」を阻むNGワードとは？

では、もう少し具体的に、「意識ダイエット」の成幸を阻む「つかってはいけないNGワード」とはなにかを見ていきましょう。

たとえば、「でも、だって、ダメ、イヤ、できない」などの否定的な言葉は、基本NG。なかでもダイエットを本気で成幸させたいのなら、**「めんどくさい」と「絶対ムリ」は二大禁止ワード**です。

太る原因はいろいろありますが、なかでも「めんどくさい病」は、ダイエットの大敵です。要はめんどくさがらずに、日常の中でこまめに身体を動かして、働いていれば、過度にぶくぶくと太ることはないハズ。

「めんどくさい病」にかかってしまうのは、「めんどくさい」意識が「重いゴミ」となって、ガッツリこびりついているからですが、それを手放すためには、まず「めんどくさい」という言葉を禁句にすること。そして、誰かから呼ばれたり、何か頼まれ事があれば、まずは明るく元気に「はい！」と返事をして、率先して身体を動かすことを意識してみましょう。

できれば、「はい！」と返事をしたあとに、「喜んで！」とつけ加えられると、さらにGOOD！　ちょっと元気のいい居酒屋さんみたいになりますが、「喜んで！」と言葉を発するだけで、「頼まれ事があるのは、人気がある証拠」とか、「人の喜ぶ顔を見ると、自分もうれしくなる」とか、あなたの潜在意識が勝手に「喜ぶ理由」を探してくれます。これだけでも、あなたの意識にへばりついている「めんどくさい」という「思い込み＝重いゴミ」を取り除くきっかけになるハズです。

一方、「絶対ムリ」も、ダイエッターがよくつかうNGワード。「一日一食」「間食禁止」「一カ月で3キロ減量」「ウエスト5センチ、サイズダウン」などの具体的なダイエット目標を掲げられると、途端に弱気の虫が出てきて、「絶対ムリ」と弱音を吐きたくなりますが、その「絶対ムリ」という言葉こそ、「絶対ムリ」な現象を引き寄せる張本人になっています。

そもそも「絶対」という言葉を軽々しく使うものではありません。「絶対」とは、「対立するものがない」「並ぶものがない」「唯一無二」のヒトやモノ、状態を表す言葉。まさに「絶対ムリ」といえば、「疑う余地がないほど不可能」だということ。

自ら「絶対に不可能」だと宣言して、ダイエットが成幸すると思いますか？

あなたがダイエットに成幸することは、「可能性０」の最高難度の不可能ミッションなのでしょうか？

言葉を発するということは、意識の検索ワードに入力すること。

「絶対ムリ」と言ってしまえば、あなたの意識は一生懸命、「絶対ムリ」な状況を探して、引き寄せてくれることになるだけです。これからは冗談でも、「絶対ムリ」などと決して口にしないと、今ここで誓っておいてくださいね。

言葉の力を活用する「アファメーション・3つのルール」とは？

アファメーションとは、「肯定的宣言」のこと。

ポジティブな言葉の力をつかって、自分にプラスの自己暗示をかけるようなものと理解しておけばいいでしょう。

先述のとおり、「目に見える現象の世界」と、「目に見えない意識の世界」とをつなぐことができるのが、言葉の力。自ら言葉を発することは、「目に見えない意識の世界」で検索ワードを入力するようなもの。同じ言葉をくり返し唱え続けることによって、やがてその言葉どおりの現象が引き寄せられてくるというのが、この宇宙を貫くメカニズムです。

もちろん、このメカニズムはダイエットにも有効です。

言葉には、その言葉どおりの現実を引き寄せ、創造する力があるので、冗談でも「また太っちゃった」「全然やせない」「太りやすい体質なのよ～」「どうせまた失敗する」などのネガティブな言葉を口にしてはいけません。

また、仮に周りの友達が、こういう言葉を口にしても、「そうよね、私も同じ」などと安易に同調してはいけません。それは自分で周りの友達のネガティブワードをわざわざ、コピペして自分の意識の検索ワードに入力しているのと同じこと。

そこは「エーッ、そんなことないよ。一緒に理想のプロポーションを目指して、ダイエットを続けようよ」とやさしく否定して、励ましてあげましょう。それが自分のためにもなるのですから……。

アファメーションを唱えるときのルールは、３つ。

「小さな声でもいいので、ちゃんと自分の耳に届くよう、言葉を発すること」

「期限や目標を明確にして、できるだけ具体的かつわかりやすい言葉にすること」

「未来のことであっても、「〜ますように」という未来形を使うのではなく、「〜なりました」「〜しつつあります」と現在完了形、進行形で言いきること」

たとえば、「理想の体重になりますように」は、アファメーションとしてはNG。「理想の体重」がまず、何キロなのかがわかりませんし、それをいつまでに実現するのか、日付も明確ではありません。

さらに「なりますように」と言ってしまうと、「まだ、そうなっていない状態」にあることを自ら認め、宣言しているようなもの。それではいつまでたっても、理想の体重には到達せず、ずっと「理想の体重になりますように」と唱え続けないといけないような現実を引き寄せることになるだけです。

それはまさに、言葉どおりの現象を自ら引き寄せてしまっているのですが、多くの人はこのシンプルなからくりに気づいていないのが実情。この本を読んだあなたから先に、この「アファメーション・3つのルール」を活用して、望む現象をドンドン引き寄せてしまいましょう。

ダイエットに効く「はづき式アファメーション」その1

アファメーションはたぶん、今あなたが思っている以上に効果があります。「言葉を唱えるだけで、ダイエットに成功するなら、誰も悩まない。そんな都合のいい話なんて……」とあなたも思いませんでしたか？

だから、世間の人のダイエットは、うまくいかないのです。儲かるのは、ダイエット産業の人たちだけ。あなたもまだ、同じことをくり返すつもりでしょうか？

もちろん、このアファメーションを採用する・しないは、あなた次第。このアファメーションを唱えるのに、費用は一切かかりませんし、厳しい食事制限もつらい運動も必要ありません。あなたにかかるリスクは、毎日このアファメーションを唱えるという時間とエネルギーの問題だけ。さて、あなたはどうしますか？

はづき式のアファメーションの特徴は、その順番。

アファメーションを唱える順番が、ポイントです。

先述のとおり、ダイエットを始めるとき、いちばん大事なことは、今の自分に「○」をつけること。いいところも、悪いところも含めて、今、あるがままの自分を受け入れるところから始めることが、とても大事です。

今の自分に「ダメ出し」して、「×」をつけたところからダイエットを始めてしまうと、仮にがんばってやせることができたとしても、それで幸せになることはできません。「太っている自分」は「×」で、「やせた自分」が「○」になると、太ることへの恐怖は消えません。太っている自分には価値がないと思っているので、常に太ることにビクビクしながら生きていくことになり、心が休まりません。

その意識がやがて現実化し、リバウンドして元の太った状態に戻るか、それとも過度なダイエットを続けてやせ細ったり、拒食や過食に陥ったりなど、心と身体のバランスを崩してしまう可能性が大です。

ですから、アファメーションもまずは今、ありのままの自分を受け入れ、自分を好きになり、「〇」をつけるところから始めます。具体的には……。

「私は、あるがままの自分を受け入れます。私は、今の私が大好きです。私は、きれい、魅力的ないい女」

このアファメーションを一日に最低2回、朝と夜、鏡を見ながら、連続して3回唱えます。これは今の自分を受け入れ、自分のことを大好きになるためのアファメーションなので、自己肯定感の低い人ほど、たくさん唱えることをおススメします。

最初はこのアファメーションを口に出して唱えるだけでも、抵抗があるかもしれませんが、はっきりいって、その状態でダイエットに励んでもダメ。

今の自分の状態を受け入れ、そのままで「きれい、魅力的」と自分で自分を認めることが、ダイエットで幸せに成る、「成幸ダイエット」のためには欠かせない必須条件となるのです。

ダイエットに効く「はづき式アファメーション」その2

まず、ダイエットを始める前の自分に「○」をつけること。たとえ、今の自分が太っていて、イヤだな～と思っていても、ダメ出ししない。今の自分を受け入れて、大好きになるところから始めることが、とてもとても重要です。

鏡を見ながら、第一のアファメーションを唱え始めて、鏡の中の自分を見ることにだんだんと抵抗がなくなってきたら、そろそろ次のアファメーションをプラスする準備ができてきたサインだと理解しましょう。

この段階では特に「やせる」とか、「ダイエットする」とか、まだ何も宣言していないので、物理的に体重は変わりないと思いますが、それでもこの段階で、うれしい変化が出てくる人も少なくありません。

たとえば、「最近、なんだか明るくなったね」とか、「きれいになったね」と知り合いから声をかけられることが増えるかもしれませんし、普段なら尻込みしてしまうようなファッションに挑戦してみようという気持ちが出てくるかもしれません。

普段の生活に張りが出てきて、お化粧ののりもよく、ぐっすり眠れるなどの効果が表れる人もいるでしょう。**そういう小さな変化を見逃さず、素直に喜び、「きっと、このアファメーションの効果だわ♪」とプラス発想することが、さらなる効果を引き寄せるコツになる**のです。

そんないい感じになってきたところで、次のアファメーションです。

こちらのアファメーションも、先のアファメーションと同じく順番がポイント。

3つのアファメーションを唱えるのですが、この3つをこの順番で唱えてもらうのには、ちゃんと意味があります。

アファメーションは未来のことであっても、完了形、もしくは進行形で唱える、と

いうのがルールです。たとえば、こんなアファメーション……、
「一カ月後までに、体重が50キロになりますように」は、NGです。

まず、アファメーションは毎日、続けて唱えるもの。毎日、唱えるのに、「一カ月後」という時間の設定をしてしまうと、永遠に「一カ月後」は訪れません。ですから、ここは「○年○月○日まで」と期限を明確に設定しましょう。
さらに「体重が50キロになりますように」と唱えていると、「まだ50キロではない」とずっと宣言し続けているのと同じこと。それでは、やはりいつまでたっても、目標体重を実現することはできないので、要注意。

では、どんなアファメーションがよいのかといえば……、
「○年○月○日までに、私の体重が50キロになりました」と言いきってしまうこと。
これがアファメーションの基本です。
しかし、ここでひとつ問題が……。このアファメーションを唱え始めたあなたの体

重はまだ50キロではありませんよね。それは厳然たる事実。にもかかわらず、「50キロになりました」と言いきってしまうと、やはり違和感がでる。顕在意識のほうが無意識に抵抗してしまうのです。もちろん、それでも潜在意識には、このアファメーションの効果は伝わるのですが、より潜在意識にスムーズに浸透するために、はづき式はさらにひと工夫しています。具体的には……、

「○年○月○日までに、私は体重が50キロになる準備ができています」

「○年○月○日までに、私の体重が50キロに向かって、減りつつあります」

「○年○月○日までに、私は理想の体重、体形を手に入れることができました。愛しています。感謝しています。ありがとうございます」


この3ステップ・アファメーションを「はづき式」では、おススメしています。

このアファメーションは、とてもパワフルかつ効果的なので、ぜひ、あなたも自分なりにアレンジして、使いこなしてみてはいかがでしょうか？

「準備」「進行」「完了・感謝」の3ステップで現実を引き寄せる

アファメーションに慣れていないと、まだ、そうなっていない未来のことを完了形で言いきってしまうことに抵抗感が出やすくなります。

実は「目に見えない世界」には、三次元的な「時間」という感覚がないので、未来のことであっても、今、目の前に実現しているようにリアルに言いきってしまっても、なんら問題はないのですが、そこは長年の習慣が邪魔をしがち。

ですから、未来を先取りするアファメーションに慣れるまでの最初のステップは、**まずは「準備」から入ること。**これがポイントです。

ダイエットであれば、「〇年〇月〇日までに、体重が〇キロになる準備ができている」というアファメーションをいちばん最初に唱えることで、未来を先取りするアファメーションを唱えるための受け皿をつくっておく感じです。

「準備中」ですから、これはまだそうなっていなくても、誰でも違和感なく受け入れることができるでしょうし、さらに「これからやるぞ！」という自らの意思表示にもつながるので、おススメです。

そして次は、**「完了形」ではなく、「進行形」でアファメーションを唱えます。**

「体重が○キロになりました」「やせました」と完了形で言いきってしまうと、「まだそうなっていないのに……」と顕在意識が抵抗します。これも慣れてしまえば、あまり気にならなくなるし、完了形で言いきってしまったほうが効果的な場合もあるのですが、まずは「なりつつある」という「進行形」から入るのがおススメ。

「理想体重の○キロに向かって、体重が減りつつあります、やせつつあります」という形であれば、顕在意識もすんなりと受け入れることができるでしょう。

そして3ステップの最後は、**「完了・感謝」**です。

「準備」「進行」のアファメーションを経て、顕在意識がなんとなくその気になってきたところで、最後に「そうなりました」と完了形で言いきり、未来を先取りする形で宣言した上で、すかさず感謝します。すでにそうなったことを前提に、先にお礼を言ってしまうというイメージです。すると完了形で言いきって、お礼まで言われた潜在意識は、「あれ？　すでにそうなっていたっけ？」と勘違いして、その状態を現実に引き寄せる方向で勝手に動き出してくれるのです。

この一連の流れ、**「準備」→「進行」→「完了・感謝」の3ステップ**で、アファメーションを唱えることによって、顕在意識のブロックが外れて、潜在意識の深いところまで、アファメーションの内容が浸透していくことになるのです。

アファメーションとは、自らの潜在意識を思いどおりに動かすためのアプローチであると同時に、宇宙に対するあなたの意思表示であり、宣言でもあります。

宇宙とは、私たちの人智を超えた、何かとてつもなく大きな存在。人はそれを「創造主」と呼んだり、「サムシンググレート」と呼んだり、「神様」と呼んだりしますが、その呼び方はあなたのお好きなように、なんでもかまいません。

宇宙とは、私たちが普段、使っているスマホやタブレット、パソコンなどの端末をすべて管理しているようなホストコンピューターのような存在です。私たち人間一人ひとりが、スマホやタブレット、パソコンなどの端末にあたり、それらすべての端末の大本である、ホストコンピューターが宇宙です。その宇宙という名のホストコンピューターに、あなたという名の端末からアクセスし、あなたの望み、欲しいモノ、なりたい状態などを「検索ワード」機能をつかって、正しくキチンと入力すること。これが願望実現において、もっとも大事なポイントです。

自らの願望を実現するために、潜在意識を通じて宇宙とつながることが、アファメーションの目的。そのコツさえ身につけてしまえば、アファメーションは、ダイエットだけでなく、あらゆる望みや願望を自由自在に引き寄せることができる、**まさに現代版「魔法の言葉(じゅもん)」**となるのです。

あなたの周りの環境を整えれば、あなたの心と身体も整います

アファメーションがどんなにパワフルな効果があったとしても、ただアファメーションだけ唱えておけば、それでいいというワケにはいきません。

極端な話、起きている間中、ダイエットのためのアファメーションをずっと唱え続けていれば、必ずその効果は出てくるでしょうが、現実的にそれは難しい。

パートナーやお子さん、家族がいる場合は、家事を含めて、そのサポートをしなければなりませんし、お仕事を抱えている場合は当然、仕事をしなければなりません。それ以外にも友達づき合い、近所づき合い、グルメやショッピング、ファッションやメイク、身体のお手入れ、自分磨きやお稽古事と、とかく女性は忙しい。

その中でいかに効率的なやり方で、心と身体のダイエット効果を引き出すのかが、

最大の関心事であることに間違いないでしょう。

そんなあなたにおススメなのが、お片づけ。家の中の整理整頓、収納、掃除、不要なモノの処分です。実際、**ダイエットと片づけの間には切っても切れない関係があります。**家の中がきれいに片づいている人は、身体にも無駄な贅肉が少なく、心の中もスッキリ、シンプルに片づいているもの。

逆に家の中が散らかっている人、特にモノが捨てられずにゴミがあふれているような人は、生活習慣もルーズで食生活も乱れがち。当然、自分に甘く、めんどくさがり屋でなまけもの。その結果、身体にも脂肪がつきやすく、太り気味になることは避けられません。

あなたの家と、あなた自身の状態はリンクします。家の中の状態はあなたの心の中、身体の中の状態を映し出す鏡であり、あなたの内面の投影です。

ですから、家の中を物理的に片づけられれば、あなたの心の中も、身体の中も、それと連動してスッキリ整理され、片づくのは、間違いありません。

家の中にモノを溜め込むことと、心の中にストレスやネガティブな感情を溜め込むこと、身体の中に不要な脂肪を溜め込むことはイコールです。

ですから、家の中の片づけに成功できれば、心のストレスからも解放され、不要な脂肪を手放して、ダイエットにも成功する可能性は大。

家の片づけと心のストレス、身体のダイエットは別々の問題として存在しているのではなく、それらの問題の根底にあるのは、みんな同じ。

家の片づけも心のストレスも身体のダイエットもひとつにつながっているので、どの問題から手がけても、どれかひとつの問題が解決すれば、芋づる式にすべての問題が解決していくことになるのです。

そう考えると、物理的にいちばんとりかかりやすいのは、家の片づけかもしれません。片づけに関しては、拙著『すごい片づけ』(河出書房新社)をご一読していただくことをおススメしますが、寝室とトイレ・水回りを徹底的に片づけるだけで、かなりのダイエット効果が期待できます。

家の中がモノで溢れるのも、身体に不要な脂肪がついてしまうのも、共通するのは「手放せない」という心理。そのためエネルギーが滞っており、淀んでしまっている。不要なエネルギーを溜め込んでしまっている状態なので、その滞ったエネルギーをまずは排出すること。エネルギーの詰まりを解消し、淀みなく循環できるような環境を整えてやることが大切です。

不要なエネルギーを「手放せない」のは結局、漠然とした心配や不安、自分に対する自信のなさの表れです。それは「私なんて……」と自分を卑下してしまう、自己肯定感の低さが根底にあるから。

つまり、ここでも今の自分に「×」をつけていることが問題なのです。結局、今の自分に「×」をつけている限り、片づけも、ダイエットも「成幸」することはないのかもしれませんね。

自己肯定感を高めることが、ダイエット成幸の秘訣

この章では主に「言葉」をとおして、ダイエットに成幸するための方法を見てきましたが、結局ここでも大事なのは、今の自分を受け入れること。あるがままの自分に「○」をつけることになります。

言葉はそのためのサポートツール。パワフルかつ便利な道具です。

多くの人はダイエットに成功すれば……、ダイエットに成功して、やせてきれいになれば、幸せになれると思っていますが、その考え方こそ、うまくいかない原因。その考え方を採用している限り、ダイエットに成功して、やせたとしても、本当の意味で幸せにはなれません。

本来、**幸せとは「成る」ものではなく、「在る」もの。**

何か欲しいものを手に入れたら、理想の状態になったら、幸せになれると思っている限り、幸せになることはできません。

幸せに「成る」ためには、まず先に幸せに「成っていない」状態を味わわなくてはいけません。「幸せになりたい」と口にするということは、「私は今、幸せではありません」と言っているのと同じこと。

「幸せになりたい、なりたい」と言っている人が幸せになれないのと、「ダイエットをしたい、やせたい」と言っている人ほど、ダイエットできない、やせられないのは、全く同じ理屈です。

くり返しになりますが、基本、**ダイエットは目的ではなく、手段**のハズ。

なんのためにダイエットをするのか、その目的をもう一度、自分なりに深く掘り下げてみることが大切です。

ダイエットの目的が、幸せになる……ではなく、「幸せで在る」と気づくことであれば、それはダイエットに成功しなくても実現可能ではないでしょうか？

幸せで「在る」ためには、今ここで「幸せで在る」と気づくだけ。今、この状態を「幸せで在る」と素直に受け入れるだけでいいのです。

「幸せで在る」と気づくためには、今、あるがままの自分を受け入れること。今の自分に「〇」をつけること。「私は私のことが大好き」と認めること。ただ、それだけのシンプルなことなのです。

ダイエットの本当の目的が、幸せになることだとすれば、そもそもダイエットする必要があるのか？　ダイエットに成功しなければ、幸せを感じることができないものなのかを、今一度、よ～く考えてみる必要があるでしょう。


幸せを感じられなくなるのは、今の自分にダメ出しするからです。

言い換えれば、自己肯定感が低いと、幸せが感じられない、感じる能力が低くなります。逆に自己肯定感が高くなると、常に幸せを感じられるようになり、幸せを感じる能力が高まります。

そう……、**ダイエット「成幸」のヒケツは、自己肯定感の高さにあるのです。**

だからこそ、毎日毎日、何度も何度もくり返し、自己肯定感を高めるアファメーションを唱えること。「私は、あるがままの自分を受け入れます。私は、今の私が大好きです。私はきれい、魅力的ないい女」と。

これは自分自身に対するポジティブな洗脳であり、「幸せな勘違い」だといえるかもしれません。

幸せは「成る」ものではなく、「在る」もの。感じるもの。勝手に勘違いするもの。
あなたが今、幸せだと自分で勘違いした瞬間に、あなたはもれなく、幸せに「成る」。
そして幸せになった途端、実は幸せに「成る」前から、ずっと幸せで「在った」ことに気づくのです。

これが幸せの究極メカニズム。このメカニズムに気づくために、あなたはわざわざダイエットに挑戦しようとしていたのかもしれませんね。

魔法のダイエットQ&A

Q 看護師という職業柄、不規則な生活が続き、ここ数カ月で10キロ近く太ってしまいました。「食べたい」という気持ちより、ストレスがかかると解消するために、とにかく食べ続けてしまいます。食欲を上手にコントロールするよい方法はありますか?

(S・Aさん 35歳 京都府)

A はっきり言って、問題は「食欲を上手にコントロールできるようになる」ことではありません。それではストレスに対する耐性が強くなるだけで、根本的な問題解決から見れば、むしろ解決から遠のくことになるだけなので、要注意です。

Sさんの場合、今はストレスの解消法が「食欲」に向かっているだけで、その欲望が「買い物」や「セックス」などに向かわないという保証はありません。

ですから、「食欲」をどうしようかと考えるよりも、ストレスの原因になっているものを突き止めることが先決です。

Sさんのストレスは、どうやらお仕事からきているようですが、仕事の中で何がいちばん大きなストレスになっているか、ご自分でわかっていますか？

ストレスの原因は、職場の人間関係でしょうか？　患者さんの中に苦手な人がいるとか？　あるいは看護師という仕事自体に対するモチベーションの問題でしょうか？　それとも働いている職場の環境、場所の問題でしょうか？

あらゆる角度から、何がストレスの原因になっているのかを探ってみましょう。

ストレスの原因が突き止められれば、それをどうにかしようとしたり、コントロールしようとしたりしてはいけません。ただ、そのストレスの原因を黙って、見つめること。「あぁ、これが私のストレスの原因。本当にイヤだと思っていたんだな〜」と声に出して、自分に言い聞かせてみましょう。

ストレスの本当の原因に気づき、「あぁ、そうなんだ」と認められると、それだけで過剰な食欲に悩まされることはなくなると思いますよ。

Chapter 4

食とダイエット

あなたはアタマで食べている？

太る原因は、消費エネルギーよりも、摂取するエネルギーが大きいこと。

エネルギーとは何も食べ物だけに限った話ではありませんが、現実的な肉体レベルで見れば、食べ物による摂取エネルギーより、日常生活で消費するエネルギーのほうが少ないと、体内に余分なエネルギーが蓄積された結果、太ります。

シンプルに食べ物から摂取するエネルギーを減らせば……、つまり食べる質量を減らせばやせるのは、誰でもわかる理屈です。

ただ、私たちは生まれてから死ぬまで、ほぼ毎日、食べています。

食べなければ死んでしまうと思っていますし、食べることは生きることであり、生きるために食べる、食べるために働く、お金を稼ぐと思って生きています。

ただ、それもひょっとすると単なる思い込み、「重いゴミ」かもしれません。

調べてみると、世の中には「食べないで生きている」、**いわゆる「不食」を実践している方の事例は結構、たくさんあります。**

本当にその人が食べないで生きているかどうかを確かめるためには、24時間ずっと監視していないといけないので、それを科学的に検証したり、証明したりすることは難しいでしょう。ただ、災害や遭難などのトラブルにあった人が、何十日間、飲まず食わずで生還した事例もあるので、少なくとも数週間ぐらいは食べなくても、人間が生きていけるのは間違いなさそうです。

にもかかわらず、私たちは一日三食、ちゃんと食べなければ……と思っている。一食、抜いただけで、なんだか損した気分になる。12時になったからという理由だけで、ただ習慣で食べてしまう。特に今はおなかが空いていないのに、「ここで食べておかないと……」と思って、食べてしまう。もうおなかがいっぱいなのに、「せっかくお金を払ったのだから、食べないと損」と思って、無理して食べる。

これらは身体の欲求に従って食べているワケではなく、アタマで食べている証拠。

心や感情、意識やマインドに身体が支配され、無理に食べさせられている状態に陥っているといえるでしょう。

ここに、ダイエットが成功しない本当の理由が隠されています。

ダイエットが肉体の問題だと思っているうちは、本当の意味でうまくいく、「成幸」することはありません。だって、**ダイエットがうまくいかない根本的な理由は、肉体的な話ではなく、あくまで心、感情、意識の問題ですから。**

あなたは身体を維持するために、食べていると思っていますが、本当は違います。

少なくとも現代に生きる日本人の大半は違うといえるでしょう。

あなたはアタマで食べている！

アタマのため……、アタマを満足させるために、食べている。

そう……、**あなたは、あなたのアタマによって、食べさせられている**のです。

あなたは何のために食べているの？

そもそも、あなたは日々、なんのために食べているのでしょう？
「そんなの、食べないと死んでしまうからでしょ！」という反論が聞こえてきそうですが、では、あなたは本当に食べないと死んでしまうという思いで、毎食、食べているでしょうか？

さらに客観的な事実かどうかは別にして、「不食」で生きている人がいるという情報もあるのですから、「食べないと絶対、死んでしまう」というのも、絶対的な真実かどうかは疑わしい。

にもかかわらず、私たちはどこかで「食べなければいけない」という思いで食べている。**この「ねばならない」という思い込みこそ、太る根本原因です。**
「食べなければならない」という思い、信念、強い義務感の根底にあるのは、「食べなければ死んでしまう」という心配であり、根源的な不安や恐怖。

食べることは絶対的に正しいことで、食べないことは悪。生きることは正しくて、死ぬことは間違いであるという「よい・悪い」の観念です。


「不食」で生きている人の例もあるように、食べなければ本当に死んでしまうのかどうかはわかりません。仮に死んだとしても、それは本当に悪いこと？

だって有史以来、死ななかった人はひとりもいないのが事実なのに、どうしてそんなに死を恐れ、忌み嫌うのでしょうか。そのあたり、「食べる」ということに対して、もう一度ここで客観的に見つめなおしてみるのも悪くありません。


少なくとも「ねばならない」という義務感や、「食べないと死んでしまう」という不安や恐怖で食べていると、食べた物を気持ちよく手放し、排出することができなくなります。

その思いがある限り、「食べた物を手放したくない」、「手放すと不安、心配」という思いが出てくるのも当然でしょう。それが肉体的な症状として便秘などにつながり、やがて脂肪の蓄積、肥満へとつながっていくのです。

「日々、毎食、なんのために食べているのか？」をあなたも今一度、ここで見つめてみませんか？

惰性や習慣、「ただ、なんとなく」で食べるのではなく、もっと意識的に食べてみましょう。

はっきり言って、**無意識に惰性や習慣で食べることこそ、太る原因です。**

潜在意識的に見て、義務感や心配・不安、恐怖をもとに食べるから、太ることになるのです。あなたは食べ物を食べていると思っているかもしれませんが、あなたが食べている食べ物の正体は、そうした心配・不安、恐怖といった、ネガティブなエネルギーなのかもしれませんよ。

脂肪はあなたの身体を守っている「心の鎧」？

肉体的に見れば、摂取カロリーよりも消費カロリーが多ければ、やせるハズ。

反対に消費カロリーよりも、摂取カロリーのほうが多ければ、太ることになります。

論理的に考えれば、間違いなくそのとおりなのですが、理屈どおりにいかないのが、この世界の不思議で、面白いところ。


同じ物を同じように食べていても、太りにくい人もいれば、大した量を食べているワケではないのに、太りやすい、太ってしまう人もいます。

そんな場合、人は大抵、体質のセイにしてしまいますが、それは目に見える世界から見た考え方。目に見えない世界から見れば、また別の見方が成り立ちます。


私たちの肉体は、私たちの魂がこの世で生きていくための「乗り物」です。

「からだ」という言葉は、「からだま」からきているといわれます。「からだま」とは「空っぽの魂」の意。つまり、「からだ」とは、その主である「魂」がいなくなれば、「空っぽ」になってしまう、「魂の入れ物」です。

ご遺体のことを「亡骸(なきがら)」といいますが、こちらも魂という主が「亡くなって残された、抜け殻」という意味。「からだ」も、「なきがら」も、伝えている意味は同じです。

目に見えない世界から見れば、「魂」が主。「からだ」は従。「からだ」を司っているのは、あくまで「魂」のほうなので、「魂」が自らの意思で、自分の乗り物である「からだ」をデザインし、カスタマイズしていると考えられます。

そんな観点で見れば、太る人、太りやすい人には、ちゃんと魂レベルでの正当な理由というか、意味があるのも納得できるのではないでしょうか?

目に見えない世界から見た、「太る理由」のひとつは、ズバリ!「他者から攻撃さ

れることへの防御」です。

身体につく脂肪は、車でいうところの頑丈なボディに相当します。同時に、もしものときに運転手である「魂」を守ってくれるエアバッグシステムのようなもの。実際、身体が壊れても、「魂」は傷ついたりはしないので、脂肪という名の頑丈なボディやもしものときのエアバッグは、「魂」的には不要なのですが、心やマインドから見れば、自分の存在を守るためには、ぶ厚いボディや衝撃を和らげるエアバッグは必要不可欠だと勘違いしています。そのため、食べ物から吸収される栄養素の中でも、身体を守る機能を果たしてくれる脂肪は手放せず、体内に溜め込むことになりがち。これが太る原因につながります。

つまり、大して食べていないのに、よく太る。太りがちな人は、潜在意識的には「他者から攻撃されることに対する強い恐れ」を抱えているということになります。

自分以外の外側からの攻撃に耐えるために、できるだけぶ厚い脂肪をつけて、身体と心を守ろうとしている。まさに**脂肪という名の「心の鎧」を身につけている。**太ることによって、身体の内側にあると思い込んでいる、自分の心が傷つけられないように防御しなければ……という深層心理が働いていると読み解けます。

しかし、このアプローチでは、望む結果を手にすることはできません。脂肪によって、自分の心やマインドを守ろうとしても、心やマインドは身体の中にずっと留まっているものではないので、守りきることはできません。

むしろ、脂肪を蓄えて、心やマインドを守ろうとすればするほど、他者との心の距離が開き、他者から攻撃されやすくなり、ますます孤立することになるだけ。脂肪によって、身体を守ろうとする心の防御反応は、かえって逆効果を招きやすくするだけなので、要注意です。

太っている人、やせている人、幸せなのはどっち?

今まで見てきたとおり、ダイエットに励む主な最終目的は、より幸せになることでした。では、やせている人と太っている人とを比べた場合、どちらの人のほうが、より幸せなのでしょうか?

私たちはどこかでダイエットに成功して、やせられれば、自動的に幸せになれると思い込んでいますが、これは明らかな間違い。

幸せは何かに「成る」こと、今とは違う理想の状態を手に入れることで、「幸せに成る」ものではありません。

もし、あなたがやせられれば幸せで、太っているうちは不幸だと思っているとすれば、その考え方こそ、不幸の根本原因です。

やせているとか、太っているとか、そうした肉体的な状態と幸せとは、ほとんどなんの関係もありません。幸せとは、そう思う心が決めるもの。心の状態が、幸不幸を決めるのであって、肉体的にやせているか、太っているかは関係ありません。

私たちはこの世界に「体験」を味わいにきていると、私は思っています。

「体験」は味わうこと自体に意味があるのです。絶対的に、「よい体験」と「悪い体験」があるワケではありません。

これは食べることにおいても、全く同じ。食べるという体験を味わうことに意味があり、絶対的に「よい食べ物」と「悪い食べ物」があるワケではありません。

あるのは「好き・嫌い」の好みの問題。結局、それは「やせている・太っている」という体形の問題も、全く同じこと。「やせている」のも、「太っている」のも、単なる体験。どちらが「よい・悪い」と決めつけることはできません。

やせていても、太っていても、幸せを感じ、幸せを味わうことにおいては、なんのハンデもありません。

さらに、幸せを未来で味わうことはできません。「こうなったら、幸せ」と思っているうちは、どこまでいっても幸せを味わうことはできません。

確かに理想どおり「こうなった」とき、一瞬は幸せを感じられるかもしれませんが、一度でもその状態を味わえば、さらなる目標が必ず生まれてきます。

「体重50キロが実現できれば、次は48キロ。ウエスト58センチを達成すれば、次の目標は55センチ」と欲求はエスカレートし、留まることはありません。

「もっと、もっと」とさらなる理想を目指して、がんばり続ける、その状態は果たして幸せだといえるかどうか……。

いずれにしても人と比べて、今の自分にダメ出ししている限り、どんなに理想のプロポーションを手に入れたとしても、決して幸せにはなれないことだけは、間違いありません。

食べることは罪？　それとも喜び？

「私たちは体験を味わうために、生まれてきている」と私は思っています。絶対的に「よい体験」と「悪い体験」があるワケではありません。その体験を自分がどう解釈し、どう感じるかによって、体験自体の価値や評価が変わります。

同時に私たちは、「幸せを味わうために生まれてきている」ともいえます。誰もがより幸せになりたい……、もっと幸せを感じたいと思って生きているのは間違いないでしょう。

だとすれば、**日々味わう体験をどう解釈するのかが、何より重要**になります。より幸せを感じたいと思うのなら、「味わった体験」と「幸せ」をイコールで結ぶことが大切になる。どんな体験を味わっても、「あぁ、幸せ」と思えれば、間違いなく、より幸せになれるのですから……。

あなたも日々、何度も食事をするという体験を味わっていることでしょう。その食べるという体験を幸せなものにするのか、それとも不幸なものにするのかは、すべてあなたの意識次第。あなたが味わった食事をどう感じ、どう解釈するのかによって、決まります。

食事制限を伴うダイエットはともすると、**「食べること」＝「悪いこと」**という意識に陥りがち。食べ物の誘惑に打ち勝つためには、**「食事」＝「罪」**という考え方を採用したくなる気持ちはわかりますが、それではせっかくの食べるという体験が、すべて不幸な体験へと塗り替えられてしまう可能性があるので、要注意です。

先に「不食」でも生きている人がいると触れましたが、本来のポテンシャルを考えると、人類がもっと進化すれば、食べなくても生きていけるようになるかもしれないと私は本気で思っています。

しかし、それも「体験を味わう」という観点から見て、よいことなのかといえば、微妙な感じ。「食べなくてもいい」状態になることで、「食べる」という体験を味わう機会は消滅し、それに伴い「食べる」ことで味わえたであろう、幸せが味わえなくなってしまうとしたら、本末転倒かもしれません。

「食べること」、それ自体にはやはり「よい」も、「悪い」もありません。

ただ、食べることを「罪」や「苦しみ」にするのか、「喜び」や「幸せ」にするのかは、私たち自身で選択することができるのです。

この世で味わえる体験の中でも、「食べる」ことは大きなウエイトを占めています。

食欲は人が生きていく上で、欠かせない大事な欲求であり、生きる目的のひとつ。

その極めて重要な「食べる」という行為が、ダイエットをすることによって、「罪」や「苦しみ」に変わってしまうとしたら、なんとももったいない。

それは、人生の幸せ度を自ら下げてしまっている愚挙といえるかもしれません。

食べ物を変えれば、人生が変わる⁉

食べることが、生きるための最大のモチベーションになっていたような、貧しい時代から、食べ物があまる「飽食の時代」へと時代は進化してきました。

そのなかで「食べられるのに、食べない」「あえて食べられる幸せを選ばず、食べることを罪にする」という、おかしな現象が現れてきているのが、現代です。

しかし、シンプルに考えて、食べることは素直に喜びであり、生きる目的につながる、とても幸せな行為だと思います。

美味しいものは、人を一瞬で笑顔にする素晴らしい魔法の力をもっています。

そうした食べ物がもつ魔法の力、食べることで味わえる幸せの体験を忘れてしまっているのが、現代のダイエットブームによる弊害のひとつだといえるでしょう。

人生を変えるためには、３つのアプローチ法があるといわれます。

「時間（の使い方）を変える」「つき合う人を変える」「環境を変える」の３つ。

実はここにもうひとつ、４つめの方法があるのです。それは、**「食べ物を変える」**こと。

子どもや若年層の非行、キレる、引きこもり、無気力、いじめや暴力などの原因のひとつは、高カロリーで栄養価の低いスナック菓子、インスタントラーメン、ファストフードなど、いわゆる食品添加物まみれのジャンクフードの食べすぎだと指摘する専門家がいます。

実際、給食のメニューをパンや洋食中心から、米や和食中心に変えただけで、校内暴力が激減した事例や、アメリカの刑務所での食事を菜食中心に変えたところ、受刑者の性格が穏やかになり、言動が変わり、模範囚が増えたという実例も報告されているそうです。

また、江戸時代の観相家として有名な水野南北も、「開運の秘訣は食にあり」とし、

「どんな悪相、凶相であっても、食を慎しみ、変えていくことで人相が変わり、運も変わる」と言って、食の大切さを説いていたといわれます。さらに玄米菜食中心の食事を世界的に流行させた、マクロビオティックの久司道夫氏も「砂糖や添加物を摂りすぎると、イライラして怒りっぽい性格になる」と指摘しています。

私たちの身体は間違いなく、私たちが過去に食べてきた物でできています。

今の体形になったのは、誰のせいでもなく、まぎれもなくあなた自身の責任です。しかし、だからといって、「食べることは罪」として、苦しいダイエットに励むのは違います。悪いのは食べ物ではなく、あなたの食べ方であり、食べ物の選び方や食べ物の質や量の問題。食べ物そのものを犯人扱いして、今の体形になった原因を食べ物に責任転嫁したり、単品の食品だけを食べる極端なダイエット法を採用したりしても、ダイエットは成功しませんし、もちろん幸せになることもできません。

食べ物そのものや食べることを否定しても、人生を変えることはできません。

今の自分が……、自分の姿形、体形が気に入らないとしたら、「食」を変えればいいのです。食べ物の内容やメニューを変えたり、量や質を見直したり、食べる時間を変えたり、食べ方を変えたり、食べる相手や雰囲気を変えたり……などなど。

ここでも何より大事なことは、食べ物や食べることそのものに「×」をつけないこと。そこに「×」をつけてしまうと、仮にダイエットが成功して、理想体重になったとしても、喜びとともに食べることができなくなります。

食べ物や食べること自体に「×」をつけてしまうと、何を食べても罪悪感に襲われることになり、その罪の意識から過食に走ったり、拒食に陥ったりすることも。

愛する人や気の合う仲間とともに、美味しい食事をいただくことは、この世ならではの喜びであり、幸せです。

ダイエットの最終目的が、より幸せになることであれば、食べる喜びや幸せがダイエットによって失われてしまったとしたら、まさに本末転倒だと、あなたは思いませんか？

あなたの人生は、あなたが食べてきた物でできている

先述のとおり、あなたの身体は、あなたが過去に食べた物でできています。

これは間違いありません。その結果、太ってしまったとしたら、「食」に関して、何かが間違っている、不適切だったということ。この事実をまず、「よい・悪い」をつけずに、あるがままに認めること。

『こころが変わればからだが変わる魔法のダイエット』にとって、ここが大事なスタート地点です。

……で、その客観的な事実を自ら認め、受け入れた上で、私がおススメしたいのは日々、自分が何を食べたのか、メモや写真を使って詳細に記録しておくこと。いわゆる**「レコーディング・ダイエット」**と呼ばれるやり方です。

「レコーディング・ダイエット」を提唱されている方は、ほかにもたくさんいらっしゃ

るので、その詳細をここには記しませんが、基本は**「間食も含めて、毎回の食事で食べた物と、その食べ物のカロリーをすべて記録しておき、一日の総摂取カロリーを算出して、毎日確認する」**というシンプルなもの。

自分の食べた物やカロリーを記録して、日々自分の目で見るという行為は、自分の身体がどんなものによってできているのかを確認すること。それによって、それまで無意識に摂っていた間食などの質量を自覚し、肥満につながる不適切な食生活のパターンを戒める意識が自分の中に芽生えて、食習慣の改善につながるのです。

これはまさに**「食べる」→「メモ（記録）する」→「意識する」→「見る」→「潜在意識に働きかける」**というパターンを活用したダイエット法で、とても理に適っているといえます。

ただ、私としては、この「レコーディング・ダイエット」にプラスしてほしいことが、ふたつ。ひとつは、「誰とどこで」食べたのかも記録しておくこと。

そして、ふたつ目は、食べた物の味の感想や、そのときの自分の感情も併せて記録しておくことをおススメします。

そうすることで、**「食べ物」と「人」や「場所」、「感情」がすべてつながります。**いつどこで誰と何を、どんなふうに食べたのかがわかれば、その人の人生が見えてきます。日々、何を食べているかは、その人の人生そのものを映し出します。

食べ物から自らの人生が見えれば、自分が太ってしまった原因も、より明確になるハズです。

太る原因は、食べ物そのものではなく、食べ方や食べる意識、感情にあるのです。

端的にいえば、ポジティブな感情とともに食べているのか、ネガティブな感情とともに食べているのかが、非常に重要です。

基本的に「喜び」とともに食べているのか、「恐怖」とともに食べているのか。この違いにこそ、目に見えない世界から見た太る理由が隠されているのです。

食べているのは食べ物ではなく、エネルギー？

近代栄養学の視点から見れば、私たちが食べ物から摂取しているのは、炭水化物やタンパク質、脂質、ビタミンなどのさまざまな栄養素であり、そこから得られる熱量（カロリー）だといわれます。

もちろん、それはそのとおりだと思いますが、それはあくまで、肉体レベルの話。私たちが食べ物から摂取しているのは、こうした栄養素や熱量などの肉体的なエネルギーだけではありません。

目に見えない世界の視点で見れば、私たちはあらゆるものから、エネルギーを得ています。食べ物は、そのうちのひとつ。空気や水も、もちろんエネルギーですし、人間の感情、家の環境、場の雰囲気、身につける物に至るまで、すべてそれぞれ固有のエネルギーをもっており、それらのエネルギーを私たちは無意識のうちに取り込んでおり、それが私たちの精神にも、肉体にも影響を与えているのです。

空気中に存在する生命エネルギーのことをプラーナと呼んだりしますが、いわゆる「不食」の人は、この空気中にあるプラーナから、エネルギーを補給しているといわれています。プラーナを日本語でいえば、「気」となるでしょうか。「仙人はかすみを食べて、生きている」といわれますが、その「かすみ」こそ、まさにプラーナのこと。実は私たちも、プラーナを摂るために食べ物を食べているという説もあるほど。まさに「元気」という名の「気＝プラーナ」を、私たちは主に食べ物から補給しているといえるでしょう。

私たちは栄養を補給するために、食べ物を食べていると思っていますが、本当に必要なのは、「気＝プラーナ」と呼ばれるエネルギーのほうかもしれません。

ですから、何を食べているのかも大事ですが、同じくらい大事なのは、どんな状態で食べているのかです。なかでも、どこで誰とどんな状態で食べているのかによって、そのエネルギーの質量は大きく左右されてしまうのです。

安心できる場所で、愛する人とともに笑顔で食べているとき、元気という名の「気＝プラーナ」は、もっとも効率的に補給されます。

逆に寂しい場所で、ひとりで黙々と食べていると、「気＝プラーナ」はなかなか補給できません。すると当然、食べ物の栄養素以上にたくさんの量を食べたくなりますし、ジャンクフードなどの高カロリーの食べ物を食べることで、無意識のうちに足りない「気＝プラーナ」のエネルギーを補給しようとしてしまうのです。

これが目に見えない世界から見た、「太る原因」のひとつです。

「喜び」など、ポジティブなエネルギーとともに摂った食事は、エネルギーの流れがよく、循環・排出の効率もよくなりますが、「不安、恐怖、寂しさ」などネガティブなエネルギーとともに摂った食事のエネルギーは循環せず、体内に滞留、蓄積して、「太りやすい体質」をつくることになってしまうのです。

人のエネルギーを食べても太るんです⁉

私たちは食事の際、食べ物からだけでなく、その場の雰囲気や一緒に食べる人のエネルギーなども、食べ物と一緒に摂り込んでいます。

「言葉の意味を咀嚼する」などといいますが、食べ物と同様に、目に見えないエネルギーも噛みしめる（咀嚼する）ことが、とても重要。**噛みしめることによって、食べ物に宿っている命も、エネルギーも、自分のものになっていく**のです。

ですから、よく噛まなくても食べられるジャンクフード類は、自分のエネルギーになる前に、そのものがもつエネルギーのまま体内に入るので、結局、自分と同化することなく、異物として残ってしまう可能性が高くなるのは避けられません。

「対面同席五百生」というお釈迦様の言葉があります。

これは対面して、席（宴席、食事の席）を同じくするような人は、すでに過去生（前世）で500回ぐらい出会ったことがある、とてもご縁の深い相手だという意味の言葉です。過去生の500回をどうカウントするのかは別にして、私たちが一生の間で、食事の席をご一緒する相手は、現実に数えてみると、そんなに多くはありません。

食事を一緒に食べられるのは、それほど深いご縁のある相手。その相手次第で、食事が美味しくいただけるかどうかも、変わってくるのは当然でしょう。

つまり、私たちは食べ物を食べていると思っていますが、食べているのは食べ物だけではなく、**目の前の相手のエネルギーも同時に食べているのです。**

人の思いは、エネルギーそのものです。**ネガティブな思いは重く、ポジティブなエネルギーは軽いのです。**

「明るい」ということは、「あっ、軽い」ということ。食事のときに同席している人が明るければ、明るく軽いエネルギーが食事とともに摂り込まれ、たくさん食べても太りにくいですし、少しの量でも満足感が高まります。

反対にネガティブなエネルギーが強い人と食事をともにすると、食事自体が美味しく感じられません。「砂を噛む」という表現がありますが、まさに重く暗いエネルギーがずっしりとのしかかってくる感じ。すると、いくら食べても満足感は得られず、つい食べすぎてしまったり、早く食事を済ませて、その場を離れたいと思うため、流し込むように食べてしまったり、暗いエネルギーから助けを求めるように別腹で甘いものが欲しくなり、結果的に太りやすくなるのです。

目の前の人は、鏡です。そこに映っているのは、自分自身の姿の一部。

食事のときに目の前にいる人が暗いとしたら、変えるべきは相手ではなく、あなたです。まずはあなたが食事のとき、明るく軽くポジディブなエネルギーとともに食事をいただくこと。自分を生かしてくれるために命を提供してくれた食材に感謝して、その命をゆっくり噛みしめながら、喜びとともにいただくことが大切です。

「エネルギー太り」という太り方

前項で人のエネルギーを食べても太るということを書きましたが、**他人のエネルギーに敏感な、いい人ほど太りやすくなります。**

たとえば、常にいろんな人に気を遣って、自分の気持ちは抑えて、自分のことは後回しにしてでも相手の気持ちをくみ取ろう、寄り添おうとするような心やさしい人は、どうしてもストレスが溜まりやすく、相手のエネルギーも受けやすく、太りやすくなることは避けられません。

「言葉を飲み込む」「気持ちを飲み込む」などという表現がありますが、そうして飲み込まれた言葉や気持ちは、心の中にネガティブなエネルギーとしてどんどん溜まっていき、それがジャンクフードなどに含まれる、食品添加物などのネガティブなものと反応して、身体の中に溜め込まれ、太る原因になっていくのです。

人の感情もエネルギーですから、ポジディブなエネルギーでも、ネガティブなエネルギーでも発散すれば、消えてなくなります。喜びなどのポジディブな感情エネルギーは、その場で味わいきるので、すぐに消えてなくなりますが、悲しみやつらさなどのネガティブな感情エネルギーはしっかり味わいたくないので、なかったことにしようと心の奥底に閉じ込めて、溜め込むことになります。その溜め込まれたネガティブな感情エネルギーこそ、「太る原因」になるので要注意です。

さらに、こうした人のネガティブな感情を扱うような仕事に就いている人、カウンセラーやコーチ、占い師やセラピストなどと呼ばれる人も、クライアントのネガティブな感情エネルギーをもらいやすい立場にあるため、そのエネルギーを日々、ちゃんと処理できないと、太りやすくなってしまいます。

また、スピリチュアルな分野で仕事をするヒーラーやチャネラーなども、クライアントのネガティブエネルギーを吸い込んで、太りやすくなります。

彼らの場合は、クライアントのエネルギーを吸い込むのと同時に、「目に見えない世界」のことを扱っているため、どうしても浮世離れしてしまう傾向があり、それが太ることに拍車をかける傾向は否めません。

「世間から浮いている」という表現がありますが、「目に見えない世界」のことばかり扱っていると、「目に見える世界」から浮いてしまうのは避けられません。ですから、自分自身が世間から、これ以上浮いてしまわないように無意識のレベルで、自分の体重を重くする。つまり、**自らの身体を太く大きくして、グラウンディング（地に足をつけること）のための重りにしようとする意識が働く**のです。

これらはすべて**「エネルギー太り」という現象。**これはたくさん食べた結果、太ったというより、自らを太らせることが目的で食べることになるので、ダイエットをするためには、仕事の内容や関わり方を変えていくしかないのです。

「いただきます」とは、「あなたの命をいただきます」という宣言

食事の前の「いただきます」という挨拶は、実は日本ならではの珍しい習慣です。英語でそれに相当する言葉は、「Let's eat」でしょうか。和訳すると、「さぁ、食べましょう」となりますが、それと「いただきます」という言葉とでは、その意味するところは全く違います。

今から食事をするのですから、「Let's eat」で間違いはありませんが、日本語の「いただきます」は、単なる食べるための合図、かけ声ではありません。

「いただきます」とは、「あなたの命をいただきます」という宣言であり、祈り言葉です。「いただきます」とは、言い換えれば、「お命、頂戴」。「今からあなたの命を頂戴し、私の命に移し替えさせていただきます」という意味の言葉なのです。

「いただきます」という日本語があるのは、まさに食べ物がもつ「命」、つまり生命エネルギー、「気＝プラーナ」のことがわかっている証拠。お米や麦、水、野菜、魚や肉に至るまで、すべての食材は「命」ある生き物であり、その命がもつ「気＝プラーナ」を取り込む行為が、食べるということ。そのことを昔から、日本人はちゃんとわかっていたということです。

それが今も、「いただきます」と手を合わせてから、食事をいただくという習慣として受け継がれていることは、素晴らしい精神文化だと思いませんか？

食べ物に宿っている命をいただくという意識が、とても重要です。

もし毎食、そういう意識で食べ物をいただくことができれば、決して過剰に太ることはないでしょう。

お米にしろ、パンにしろ、野菜にしろ、魚や肉にしろ、すべてが命ある生き物であり、その生き物たちが、私たちの命を輝かせるために自分の命を差し出してくれているのです。それが食べるという行為。

だからこそ、仏門に入ると殺生を禁じるということで、精進料理になるのです。そんなふうに食べることを「命の移し替え作業」だと思えたら、暴飲暴食や、ながら食べ、好き嫌いや食べ残しなど、できるハズはないと思いませんか？

現代の日本で、そこまでストイックにならなくてもかまわないと思いますが、少なくとも食事の前に手を合わせて、「いただきます」と声に出すことで、「命の移し替え作業」が始まる覚悟が生まれます。その覚悟をもって、食事をするかどうかは、食べる行為は同じでも、意識の世界では全く違う行為になるのです。

もちろん、食べ終わってからの「ご馳走(ちそう)さまでした」の挨拶も忘れずに。

昔は客人を迎えるのに、野山を駆け回り獲物をとってきてもてなしていましたが、そんな主の命がけの働きに対して、客人が「ありがとう」と心からの感謝の気持ちを表した言葉が、「ご馳走(ちそう)さま」です。結局、こちらも客をもてなす主人と食材の命がかかっているのです。

そう……、**食べることはまさに命がけの大仕事だということをお忘れなきよう。**

食べすぎてしまうのは、あなたのセイではなかった⁉

「疲れた」という言葉の語源は、「憑かれる」。つまり**「何者かに憑依される」という状態を表す言葉が、「疲れる」です。**

あなたが「疲れた」と思うとき、それはあなたが「何者かにとり憑かれている」というサイン。その「疲れた(憑かれた)」ままの状態で、食べ物からエネルギーを補給しようとすると、つい食べすぎてしまうことに。

だって、あなたに「とり憑いた、肉体をもたない何者か」は、どんなに食べても、満足することはできないのですから……。

もしかすると、あなたがつい食べすぎてしまうのは、あなた自身のセイではないかもしれません。あなたに「とり憑いた何者か」が、あなたの肉体をつかって、枯渇しているエネルギーを満たそうとしているのかもしれません。

「異常な食欲」「とにかく食べるのが早い」「さほど食べたくもないのに、残り物を〝もったいないから〟と言って食べてしまう」「すでにおなかいっぱいなのに、料理を出されるとむさぼるように食べてしまう」などなど。

これらの行動・習慣の背後には、「食べないと死んでしまう」という恐怖の思いが隠れています。それは幼いときの貧しい家庭環境が原因だったり、食べ物がなくて、ひもじい思いをしたという経験からきていることが多いのですが、飽食の時代と呼ばれる現代では、そうした原体験をもっている人のほうが少数派でしょう。

にもかかわらず、食べ物に関するこうしたトラウマを抱えている人は、いなくなることはありません。それはなぜでしょう？

それは、その人が何者かにとり憑かれていることが原因かもしれません。

もちろん、なんでもかんでも「とり憑かれているから」で片づけるつもりはありませんが、こうした得体の知れない食欲の原因については、そういう可能性も否定できません。

実際、前世や過去生で、食べる物がなくてひもじい思いを抱えて、餓死した記憶をもっていたりすると、「もうあんな思いは二度としたくない」となって、食べ物に異常な執着をしてしまうケースは、珍しいことではありません。

あるいは、餓死した人や食べ物の恨みを抱えて死んでいった人、餓鬼や畜生と呼ばれる動物霊や低級霊が、何かの拍子にとり憑いてしまうこともあるようです。

そうなると自分の意思とは関係なく、気づいたら、食べ物をむさぼり食うようなことになってしまう可能性も。そんなふうになると、もうダイエットのやり方がどうこういう以前の問題で、心理療法やお祓いを受けるなどのアプローチのほうが、むしろ効果的なダイエット法になるかもしれません。

あなたの身体を何者かに乗っ取られないために大事なこと

もし自分の食欲が、「ちょっと異常ではないか？」と思われる場合は、こうした目に見えない世界のことが原因になっている可能性も否定しないことが大切です。

こうした得体の知れない何者かは夜、活動的になってくるので、あなたが寝る前や夜中、ひとりで冷蔵庫や食品のストック棚を開けて、食べ物をこっそり食べているとしたら、かなり危ない状態だと思って間違いないでしょう。

その場合は、まずできるだけ、ひとりで食事しないことを心がけましょう。**誰かと一緒に食卓を囲むだけで、何者かにとり憑かれることは防げます。**

できるだけ明るい場所で、楽しい雰囲気で食事をすること。また先述のとおり、「いただきます」は、食材に対する祈りの言葉でもあるので、手を合わせて、「いただきます」と唱えるだけでも、邪気払いの効果があります。

さらに、鍋や大皿から自分の分を取り分けるのではなく、最初からひとり分のお膳にのせて食べるようにすると、自分の分が確保されているため、安心して食事ができるようになるので、おススメです。

また、大事なのは、**よく噛んで、ゆっくり食べること。**「噛む」ことは、**「神夢」「化無」**につながります。

先述のとおり、この空気中には「気＝プラーナ」が充満しています。「気＝プラーナ」は、神様が与えてくれた宇宙のエネルギー。食べ物をよく噛んで食べると、食べ物とともに空気中の「気＝プラーナ」が体内に摂り込まれます。それは神様が与えてくれた気のエネルギーが、体内に摂り込まれ、気力、体力が充実し、夢を実現できる力が宿ること。それが神様の望みであり、夢でもあるから、「神夢」。

と同時に、得体の知れない何者か、つまり化け物のエネルギーもよく噛むことによって、無くなっていくので、「化無」。「噛む」ことで「神夢」も、「化無」も、両方一度に実現できるので、ひと口50回を目指して、よく噛んで、ゆっくり食事をすることを意識するといいでしょう。

いずれにしても、**こうした得体の知れない何者かは、あなたが弱っているときにとり憑きやすくなります。**毎日、元気溌剌《はつらつ》、明るく楽しく過ごしていれば、そんな変なものにとり憑かれる心配はありません。

しかし、無理なダイエットのために厳しい食事制限をして、自らの食欲を無理矢理、抑えようとするのは、自ら餓鬼状態をつくっているようなもの。

すると、かえって餓鬼などの得体の知れない何者かを引き寄せ、その餌食になる可能性が高まるので、くれぐれも注意が必要です。

望む結果を手に入れる方程式は、「やり方×行動×意識」

ここまで見てきたように、ダイエットは身体の問題だから、肉体的なアプローチだけでなんとかなると思っている限り、うまくいきません。

この世は「原因と結果の法則」で成り立っています。望む「結果」を得たいのであれば、その「結果」を得るにふさわしい「原因」が必要です。現在の状況は、過去の「原因」によってつくられた、「結果」なのです。「結果」のほうをどれだけいじっても、「原因」が変わらない限り、「結果」が変わることはありません。

この世で起こるすべての現象の「原因」は、「目に見えない世界」にあります。すべての現象は、私たちの意識の世界、それも普段、意識できていない潜在意識のほうに「原因」があります。その「原因」である「潜在意識」に働きかけない限り、本当の意味で、目に見える世界の「結果」が変わるハズはないと知ることです。

ただ、「原因」がある「目に見えない世界」だけにフォーカスしていれば、それでいいのか？　というと、もちろん、そうではありません。

私たちが物理的な肉体をもって、この「目に見える世界」で生きている限り、「目に見える世界」で具体的に行動することなしに、望む「結果」を得ることは決してできません。

つまり、望む「結果」「成果」を出すためには、次の公式が当てはまります。

「成果」＝やり方×行動×意識

これをダイエットに当てはめると、「やり方」とは、運動の仕方、食事の摂り方、その人の体質に合ったダイエット方法やプログラムということです。「朝バナナ」でやせる人もいれば、運動系エクササイズが合う人もいるでしょう。その「やり方」は人それぞれ、自分に合った方法を採用することが大切です。

次の「行動」とは、実際にやる、継続するということです。どんなに自分にピッタリのダイエット方法、「やり方」が見つかったとしても、それを実践しなければ、効果は「0」。この地球という星は、「実践・行動」の星なので、あなたが実際に動かない限り、何ひとつ成果は出ません。「動かない」という行動を選択すれば、何ひとつ「動かない」という結果が得られるだけです。

さらに「やり方」と「行動」さえ、間違っていなければ、望む成果が得られるのかといえば、残念ながら、そうではありません。

「やり方」と「行動」の前に、「なぜ、それをするのか?」という目的が必要です。その目的、つまり何をするのか、何のためにそれをするのかということを自分の意思で意識的に決めること。その「意識」が何より大事な視点です。

ダイエットでいえば、ここまで見てきたとおり、「やせること」が本当の目的なのか？　それともさまざまなファッションを楽しみたいことが目的なのか、他人との競争に勝つことやマウンティングが目的なのか、幸せになることや新しい自分に生まれ変わることが目的なのか……。

ダイエットの本当の目的を明確に意識しない限り、あなたのダイエットが成功することは……、ダイエットで「成幸」することは決してないと断言できます。

望む「成果」を得るための「やり方」と「行動」と「意識」は、かけ算です。

「行動」と「意識」が合っていても、「やり方」が間違っていると、成果は0。「やり方」と「行動」は合っていても、「意識」が伴っていないと、望む成果とは違うものが、目の前に現れる。つまり、望む成果はやはり0。

適切な「やり方」は知っていて、目的に対する「意識」は明確になっていても、実際に「行動」を起こさない限り、望む成果は当然0。

「やり方」「行動」「意識」はどれかひとつ……ではなく、3つがちゃんと揃わないと、望む「成果」は現れないというのが、この地球のルールなのです。

ダイエットの「成幸」は、ふたつの世界からのアプローチが大事

　この宇宙、その中の地球という星、そこで生きている私たち人間の世界は、**「目に見える世界」と「目に見えない世界」のふたつの世界で成り立っています。**

　これはどちらかひとつでは成り立ちません。ふたつで、ひとつ。切っても切れない関係で、どちらも同じように大事です。

　このことがわからない、腑に落ちない、受け入れられない限り、あなたがどんなにがんばってダイエットに励んでも、理想の体重、体形を維持することは難しいし、ましてや本当の意味でダイエットに「成幸」することはありません。

　この世のすべては、私たちの意識によってでき上がっています。**意識が先、現象はあとです。**ですから、あなたが本気で「やせたい」「ダイエットに成功して、新しい自

分に生まれ変わりたい」と意識すれば、必ず生まれ変われます。

あなたが自らの心の中の「目に見えない世界」で「生まれ変わる」という「意識」の種をまき、やがてそれが「目に見える世界」で発芽し、「行動」の双葉が成長し、適切な「やり方」を継続することによって、その先にやがて、望む「成果」という名の実が実ることになるのです。

それは疑いようがない事実。これは完璧な方程式によって成り立っている、この宇宙を貫く厳然たるルールなのです。

あとはあなたが、この宇宙のルール、方程式を活用するかしないか。それだけ。


これはとっても大事なことなので、最後にもう一度、お伝えしておきますね。

ダイエット「成幸」のためには「目に見える世界」でのアプローチ、「目に見えない世界」からのアプローチ、**どちらかではなく、どちらも大事**。

どちらか片方だけ、「目に見える世界」からのアプローチだけでダイエットしようとしても、うまくいくことはありません。それはここまであなたも十分、ご理解いただけたのではないでしょうか？

ダイエットの最終目的は、「やせること」だけではありません。

ダイエットに挑戦しようと思うのは、古い自分から新しい自分に脱皮したいという心の叫び。古い自分という殻を脱ぎ捨てて、新しい自分に生まれ変わりたいというポジティブで前向きな欲求の表れです。

ダイエット願望は、変身願望。本当に自分らしい人生を生きていきたいと思うとき、人は本気でダイエットに挑戦しようと思うのではないでしょうか？

ですから、そのダイエット願望を単なる願望だけで終わらせることなく、「目に見える世界」「目に見えない世界」の両面からアプローチして、ダイエットを「成幸」させて、新しい自分に生まれ変わり、生まれ変わったあなたにふさわしい、新しい世界を存分に楽しもうではありませんか♪

さぁ、人生の本番、最高のお楽しみはこれからですよ。

魔法のダイエットQ&A

Q 普段から食事には気をつけていますが、たまにジャンクフードが食べたくなります。健康によくないと思いつつ、身体が欲しているならと我慢せずに食べていますが大丈夫でしょうか？　ダイエット中でも、自分が食べたい物を食べるのは問題ないですか？

（K・Cさん 46歳 埼玉県）

A たまにジャンクフードが無性に食べたくなるという、Kさんの気持ち、よ〜くわかります(笑)。そんなときは、私も我慢せず、いただくようにしています。
ただ、その際に気をつけてほしいことが、ひとつ。

ジャンクフードを否定しないことです。ジャンクフードをジャンクフードの意識で食べることがいちばんの問題です。すると、必ず罪悪感が残ります。
「ジャンクフードを食べてしまった。食べなければよかった」と思っていると、その思いが重りになって、ジャンクフードの栄養素が体外に排出されず、体内に留まってしまいます。

それが「太る原因」につながります。

食べ物に「ジャンク(ゴミ)」なんて、言葉をつけることに問題があります。

どんな加工食品でも、もとを正せば、やはり命ある生き物がベースになっていることは間違いありません。食品添加物の問題を無視することはできませんが、添加物に注目するのか、それとも、もともとの食材に宿っていた命のほうにフォーカスするのかでは、同じジャンクフードを食べても結果は大きく違ってくるでしょう。

本文でも触れたとおり、食べることは本来、喜びの行為です。

「ジャンクフードは健康によくない」という思考、考えが、問題の原因なのです。どんな食品であっても、心の底からの喜びとともに食べられれば、少なくとも「目に見えない世界」の視点から見て、身体に悪影響を及ぼすとは思えません。

ですから、ジャンクフードを食べる際は主食ではなく、あくまで嗜好品として、自らの楽しみのために、ジャンクフードに感謝して、喜びとともに食べるように意識してみてはいかがでしょうか?

魔法のダイエットQ&A

Q これまでダイエットしてはリバウンドをくり返す人生で、過去には摂食障害を患ったこともありました。太っている自分に自信がもてず、ダイエットや食べ物のことばかり考えていないで、楽しく生きたいと思うのですが、体重や体形へのこだわりが捨てられません。

（T・Yさん 48歳 千葉県）

A Tさんは、過去に過食症などの摂食障害を患ったご経験もあるとのこと。さぞやつらい思いを味わったことでしょう。

これも本文に書きましたが、ダイエットとリバウンドをくり返し、さらに摂食障害を患うことになるのは、体形や体質の問題ではなく、まさに心の問題。もしかすると、ご自身でも気づいていないような前世や過去生からのトラウマや、得体の知れない何者かにとり憑かれている可能性も否定できません。

まずはこうした「目に見えない世界」からのアプローチを、試してみてはいかがでしょうか？　具体的には、退行催眠と呼ばれる「ヒプノセラピー」や「前世療法」。あるいはカウンセリングやヒーリング、インナーチャイルドワークなどのセラピーを体験してみると、今までとは違う世界の扉が開かれるかもしれませんよ。

こうした得体の知れない何者かにとり憑かれやすくなるのは、「目に見えない世界」のエネルギーに敏感な証拠。それは潜在的にこちらの世界に関心があり、そこにまだ見ぬ才能が眠っているからかもしれません。

一度、ダイエットのことは少し忘れて、こうした「目に見えない世界」の探求に時間とお金をかけてみてはいかがでしょうか？　その場合、セッションの中身や料金、有名かどうかなどよりも、自分の直感や第一印象を大切にして、「いい感じ」の人や場所を基準に選ぶこと。

うまくハマれば、ダイエットの成功だけでなく、これまで自分でも気づかなかった、スピリチュアルな才能が開花するかもしれませんよ。

おわりに

本書を最後までお読みいただき、ありがとうございました。

いかがでしたか？　今までの「ねばならないダイエットの魔法」が解かれ、「新しい自分に生まれ変わるためのダイエットの魔法」は、ちゃんとかかりましたでしょうか？（笑）

あなたがあなたらしく、自由に豊かに幸せに、イキイキ・ワクワク生きること。

これが本書を通じて、いちばん伝えたかったメッセージであり、それがあなたの命を輝かすことにつながり、最高の社会貢献にもつながるのです。

「新しく生まれ変わる」というのも、実は「自分らしく生きる」ことと同じ。日々自分らしく輝いて生きていられれば、毎日を生まれ変わったような新鮮な気分で過ごすことも、自然にできるようになるでしょう。

今、地球上には70億を超える人が生きているといわれています。その中に同じ人はひとりとしていません。まさにあなたは、この世界で唯一無二の存在なのです。

ぜひ、この事実を深く胸に刻んでおいてください。あなたがあなたのことを否定したり、ダメ出しして、どうするのですか？　あなたが自分のことをまるごと愛して、許して、受け入れないで、誰があなたを愛せるというのでしょう。

どんなときでも、あなたがあなたのいちばんの理解者であり、いちばんの応援団になってあげてください。自分をいちばん愛し、いちばん許し、いちばん認め、まるごと受け入れてあげてください。それが自分に最幸の魔法をかけるということ。

新しい自分に生まれ変わったあなたこそ、あなた史上、もっともきれいで美しく、もっとも魅力的でカッコイイ、自由で豊かで幸せな、最高、最強のあなたです。

さぁ、ただ・いま・ここから、あなたらしさ全開で人生を歩んでいきましょう！

はづき虹映　拝

本書は、『新しい私に生まれ変わる魔法のダイエット』
（2015年9月／小社刊）を改題し、文庫化したものです。

はづき虹映（はづき こうえい）

1960年兵庫県西宮市生まれ。大手百貨店にて販売促進業務を担当。輝かしい実績を上げて独立。阪神・淡路大震災をきっかけに「こころ」の世界に目覚め、スピリチュアルな分野を中心に研鑽と実績を積み重ねる。なかでも、古代ユダヤの智慧と呼ばれる「カバラ数秘術」をもとに、独自の編集を加えた「はづき数秘術（誕生日占い©）」を確立し、「コワいほど当たる」と話題になる。現在は経営コンサルタント業と並行して、「占い」「スピリチュアル」「自己啓発」の分野を中心に、講演や執筆活動に励んでいる。『2週間でお金の悩みがゼロになる魔法のレッスン』（かんき出版）、『お金に愛される魔法のお財布』（永岡書店）、『すごい片づけ』（河出書房新社）など数多くのベストセラーを生み出し、全著作の累計は80冊超、200万部を超えるミリオンセラー作家でもある。

オフィシャルサイト：http://hazuki.club/

マイナビ文庫

こころが変わればからだが変わる 魔法のダイエット

2018年6月30日　初版第1刷発行

著　者　　はづき虹映
発行者　　滝口直樹
発行所　　株式会社マイナビ出版
〒101-0003 東京都千代田区一ツ橋2-6-3 一ツ橋ビル2F
TEL 0480-38-6872（注文専用ダイヤル）
TEL 03-3556-2731（販売）／TEL 03-3556-2735（編集）
E-mail pc-books@mynavi.jp
URL http://book.mynavi.jp

カバーデザイン　米谷テツヤ（PASS）
イラスト　石川健太郎（マイナビ出版）
印刷・製本　図書印刷株式会社

ISBN978-4-8399-6681-2
Printed in Japan